粤／知／丛／书

创意表达
中小企业著作权及相关权入门

世界知识产权组织　著
广东省知识产权保护中心　组织翻译
尹怡然　廖露露　孙欣怡　范晓婷　译

知识产权出版社
全国百佳图书出版单位
—北京—

ⓒ WIPO，2006

（CC BY 4.0）

图书在版编目（CIP）数据

创意表达：中小企业著作权及相关权入门 / 世界知识产权组织著；广东省知识产权保护中心组织翻译 . —北京：知识产权出版社，2022.11

ISBN 978-7-5130-8401-7

Ⅰ．①创… Ⅱ．①世…②广… Ⅲ．①中小企业—著作权—案例—世界 Ⅳ．① D913.405

中国版本图书馆 CIP 数据核字（2022）第 192337 号

责任编辑：武 晋　　　　　　　　责任校对：王 岩
封面设计：杨杨工作室·张冀　　　责任印制：刘译文
文字编辑：刘林波

创意表达——中小企业著作权及相关权入门

世界知识产权组织　著
广东省知识产权保护中心　组织翻译

出版发行：知识产权出版社 有限责任公司	网　　址：http://www.ipph.cn
社　　址：北京市海淀区气象路 50 号院	邮　　编：100081
责编电话：010-82000860 转 8772	责编邮箱：windy436@126.com
发行电话：010-82000860 转 8101/8102	发行传真：010-82000893/82005070/82000270
印　　刷：三河市国英印务有限公司	经　　销：新华书店、各大网上书店及相关专业书店
开　　本：880mm×1230mm 1/32	印　　张：4
版　　次：2022 年 11 月第 1 版	印　　次：2022 年 11 月第 1 次印刷
字　　数：80 千字	定　　价：20.00 元
ISBN 978-7-5130-8401-7	

出版权专有　侵权必究

如有印装质量问题，本社负责调换。

The Secretariat of WIPO assumes no liability or responsibility with regard to the transformation or translation of the original content.

对因转换或翻译造成的对原文的变更，WIPO 秘书处不承担任何法律责任。

"粤知丛书"编辑委员会

主　任：马宪民
副主任：邱庄胜　谢　红　温镇西　刘建新　黄光华
编　委：廖汉生　耿丹丹　陈　蕾　赵　飞　彭雪辉
　　　　陈宇萍　魏庆华　岑　波　黄少晖　吕天帅
编辑部：耿丹丹　廖汉生　尹怡然　刘雪娇

本书作（译）者

作　者：世界知识产权组织
译　者：尹怡然　廖露露　孙欣怡　范晓婷
审　校：李　伟　徐雨娴　张　靓　陈　希

丛书序言

我国正处在一个非常重要的历史交汇点上。我国已经实现全面小康，进入全面建设社会主义现代化国家的新发展阶段；我国已胜利完成"十三五"规划目标，正在系统擘画"十四五"甚至更长远的宏伟蓝图；改革开放40年后再出发，迈出新步伐；"两个一百年"奋斗目标在此时此刻接续推进；在世界发生百年未有之大变局背景下，如何把握中华民族伟大复兴战略全局，是摆在我们面前的历史性课题。

改革开放以来，伴随着经济的腾飞、科技的进步，广东的知识产权事业蓬勃发展。特别是党的十八大以来，广东深入学习贯彻习近平总书记关于知识产权的重要论述，认真贯彻落实党中央和国务院重大决策部署，深入实施知识产权战略，加快知识产权强省建设，有效发挥知识产权制度作用，为高质量发展提供有力支撑，为丰富"中国特色知识产权发展之路"的内涵提供广东的实践探索。

2020年10月，习近平总书记在广东考察时强调，"以更大魄力、在更高起点上推进改革开放"，"在全面建设社会主义现代化国家新征程中走在全国前列、创造新的辉煌"。2020

年 11 月,习近平总书记在中共中央政治局第 25 次集体学习时发表重要讲话,强调"全面建设社会主义现代化国家,必须从国家战略高度和进入新发展阶段要求出发,全面加强知识产权保护工作,促进建设现代化经济体系,激发全社会创新活力,推动构建新发展格局"。2021 年 9 月,中共中央、国务院印发《知识产权强国建设纲要(2021—2035 年)》,描绘出我国加快建设知识产权强国的宏伟蓝图。这是广东知识产权事业发展的重要历史交汇点!

2018 年 10 月,广东省委省政府批准成立广东省知识产权保护中心。自成立以来,面对新形势、新任务、新要求和新机遇,保护中心坚持以服务自主创新为主线,以强化知识产权协同保护和优化知识产权公共服务为重点,着力支撑创新主体掌握自主知识产权,着力支撑重点产业提升核心竞争力,着力支撑全社会营造良好营商环境,围绕建设高质量审查和布局通道、高标准协同保护和维权网络、高效率运营和转化平台、高水平信息和智力资源服务基础等重大任务,在打通创造、保护、运用、管理和服务全链条,构建专业化公共服务与市场化增值服务相结合的新机制,建设高端知识产权智库,打造国内领先、具有国际影响力的知识产权服务品牌,探索知识产权服务高质量发展新路径等方面大胆实践,力争为贯彻新发展理念、构建新发展格局、推动高质量发展提供有力保障。

保护中心致力于知识产权重大战略问题研究,鼓励支持本单位业务骨干特别是年轻的业务骨干，围绕党中央和国务院重大决策部署，紧密联系广东省知识产权发展实际，深入开展调查研究，认真编撰调研报告。保护中心组织力量将逐步对这些研究成果结集汇编，以"粤知丛书"综合性系列出版物形式公开出版，主要内容包括学术研究专著、海外著作编译、研究报告、学术教材、工具指南等，覆盖知识产权方面的政策法规、战略举措、创新动态、产业导航、行业观察等，旨在为产业界、科技界及时掌握知识产权理论和实践最新动态提供支持，为社会公众全面准确解读知识产权专业信息提供指南，并持之以恒地为全国知识产权事业改革发展贡献广东智慧和力量。

由于时间仓促，研究能力所限，书中难免存在疏漏和偏差，敬请各位专家和广大读者批评指正！

广东省知识产权保护中心
"粤知丛书"编辑部
2021 年 10 月

中文译本序

著作权是知识产权的一种，包括精神权利和财产权利，著作权法是现代社会发展中不可缺少的一种法律制度。著作权在一定程度上能够提高公民的创造性，促进科技及文学事业的发展。一方面，能够为企业带来巨大经济效益，提升企业竞争力，增强其经济实力；另一方面，有利于促进对外贸易，引进外商和外资投资。

著作权调整的范围很广，涉及作者、国家、集体之间的利益问题，平衡创作者和使用者的关系，既要充分保护作者的合法权益，又必须对作者予以限制，满足社会公众的需要。可以说，著作权已经渗透到人们生活的每一个角落。2021年，全国著作权登记总量达626.44万件，较2020年增长24.30%。其中，作品著作权登记、计算机软件著作权登记同比分别增长20.13%、32.34%。

党的十九届六中全会通过的《中共中央关于党的百年奋斗重大成就和历史经验的决议》，深刻总结了十八大以来我们党推进文化建设的战略部署和重大成就，强调"推动中华优秀传统文化创造性转化、创新性发展"。坚定文化自信，建设文化强国。著作权作为文化保护的重要手段，受到越来越多的重视。

2020年11月16日，最高人民法院印发《关于加强著作权和与著作权有关的权利保护的意见》，旨在通过明确法律适用规则，倡导诚信诉讼，遏制著作权侵权行为。《关于加强著作权和与著作权有关的权利保护的意见》要求，通过提升知识产权审判质效，切实加强文学、艺术和科学领域的著作权保护，充分发挥著作权审判对文化建设的规范、引导、促进和保障作用，激发全民族文化创新创造活力，推进社会主义精神文明建设，繁荣发展文化事业和文化产业，提升国家文化软实力和国际竞争力，服务经济社会高质量发展。2021年4月，中国电视艺术交流协会等73家主体发布了《关于保护影视版权的联合声明》，呼吁短视频平台和公众账号生产运营者切实提升版权保护意识，真正尊重他人的知识产权；2021年6月施行的《中华人民共和国著作权法》，加大了著作权保护力度，扩展了视听作品的范围，完善了著作权集体管理制度，以更加适应实践情况。

世界知识产权组织（WIPO）发布的企业知识产权系列丛书均以中小企业为主题。其中，本书主要涉及著作权及相关权[①]，介绍了著作权及相关权的含义、保护范围，对精神权利和财产权利进行了说明；阐述了企业如何从著作权及相关权获益，包括作品的商业使用、利用著作权产生收入、筹集资金、对抗侵权者、使用他人作品；对如何获得著作权保护、如何确定著作权所有权归属、如何行使著作权进行了详细说明；特别介绍了随着互联网的发展，网络作品越来越多，对电子或数字格式作品的保护可以利用数字版权管理（DRM）工具和系统、技术保护措施（TPMs）等技术方法实现。用丰富的实践示例，让读者能够更容易、更深刻地理解著作权及相关权的运用和保护，也是本书的一大特色。

WIPO管理著作权及相关权领域的多部国际条约，主要包括《视听表演北京条约》《保护文学和艺术作品伯尔尼公约》《发送卫星传输节目信号布鲁塞尔公约》《保护录音制品制作者禁止未经许可复制其录音制品日内瓦公约》《世界知识产权组织版权条约》等八项条约。这些条约涉及不同类型的作品，是知识产权实务工作的遵循。

我国文化建设、科技创新正在蓬勃发展，保护著作权有利于调动人们从事科技研究和文艺创作的积极性。中小企业是经济发展的重要力量，著作权及相关权的保护等工作对企

[①] 本书中的"相关权"由原文翻译而来，其内容大致对应于我国《著作权法》中规定的"与著作权相关的权利"。

业发展有着积极的推动作用。本书的出版能让更多的企业重视著作权及相关权的保护、运用，为其具体行动提供了方法论和实践指导。

广东省知识产权保护中心组织翻译了本书，中心内部成员为本书翻译工作作出了很大努力。翻译工作得到世界知识产权组织的大力支持，在此表示衷心感谢！同时，希望本书能为中小企业带来有用的信息与参考，为更多的创新主体提供经验和借鉴。我们鼓励有条件的读者研读英文原版，并对本书提出意见和建议。

译　者
2022 年 5 月

企业知识产权系列丛书

1. 留下印记——中小企业商标及品牌入门
世界知识产权组织第 900.1 号出版物

2. 注重外观——中小企业工业品外观设计入门
世界知识产权组织第 498.1 号出版物

3. 发明未来——中小企业专利入门
世界知识产权组织第 917.1 号出版物

4. 创意表达——中小企业版权及相关权利入门
世界知识产权组织第 918 号出版物

5. 益友良伴——特许经营知识产权事务管理
世界知识产权组织第 1035 号出版物

6. 大胆创意——初创企业知识产权指南
世界知识产权组织第 961 号出版物

所有出版物英文版本可通过以下网址免费下载：
www.wipo.int/publications

原书声明

本书所包含的信息并不能替代专业的法律建议。其主要目的仅限于提供有关主题的基本信息。

世界知识产权组织版权（2006年）

除法律允许的情况外，未经版权所有人书面许可，不得以任何形式或任何方式（包括电子或物理方式）复制或传播本出版物的任何内容。

前言

本书是企业知识产权系列丛书的第四辑，向企业家和企业管理者介绍了著作权和相关权入门知识，用简洁的语言解释了著作权法律理论和实务中影响企业战略决策方面的内容。

传统上，涉及印刷、出版、音乐、视听艺术创作（电影和电视），广告、传播、营销，工艺品、视觉和表演艺术，设计和时尚，以及广播的企业，都依赖于著作权和相关权。而在过去的20年里，尤其是当数字娱乐和数字营销领域正在发生变革时，软件、多媒体以及所有数字内容驱动的行业，无论其是否在互联网上经营，都已经开始依赖有效的著作权保护。因此，在一个平常的工作日，大多数企业的企业家或员工很有可能正在创作或使用受著作权和相关权保护的材料。

本书旨在从以下方面帮助中小企业：

——了解如何保护其创作或享有著作权的作品；

——充分利用其著作权和/或相关权；

——避免侵犯他人的著作权或相关权。

相关国家机构和地区合作伙伴可以与世界知识产权组织联系，免费获取一份定制指南，合作开发适应本国或本地区需求的指南。

Kamil Idris

世界知识产权组织总干事

目 录
CONTENTS

著作权和相关权 ·· **001**

什么是著作权？ / 003

什么是相关权？ / 004

著作权和相关权对企业有什么价值？ / 005

如何获得著作权和相关权？ / 007

有没有其他保护原创的法律途径？ / 007

著作权的保护范围和保护期限 ······························ **009**

著作权保护哪些类型的作品？ / 011

作品需要符合哪些标准才能获得保护？ / 015

作品的哪些方面不受著作权保护？ / 017

著作权包含哪些权利？ / 019

什么是财产权利？ / 019

什么是精神权利？ / 021

"相关权"包括哪些权利？ / 023

著作权和相关权的保护期有多长？ / 028

保护原创作品 **031**

如何获得著作权及相关权保护？/ 033

如何证明您是著作权所有人？/ 033

如何保护电子形式或者数字形式的作品？/ 034

权利管理信息 / 036

技术保护措施（TPMs）/ 037

作品如何在国外获得著作权保护？/ 039

作品的著作权声明是必需的吗？/ 040

著作权所有权 **043**

是否所有的著作权作品作者都享有所有权？/ 045

谁享有著作权的精神权利？/ 045

谁享有员工创作作品的著作权？/ 046

谁享有委托作品的著作权？/ 047

谁享有多位作者创作的作品著作权？/ 048

从著作权和相关权获益 **051**

如何利用创意作品获取收益？/ 053

将作品出售后，会丧失相应的著作权吗？/ 054

什么是著作权许可？/ 054

独占许可和非独占许可有什么区别？/ 055

当出售著作权时会发生什么？/ 056

什么是商业化？/ 057

如何许可作品？/ 058

集体管理组织是如何开展工作的？/ 059

使用他人的作品 ··· **065**

使用他人作品时，需要在什么时候获得许可？/ 067

是否需要获得许可才能以电子或数字方式

　使用他人作品？/ 067

购买了受著作权保护的作品，就可以随意使用吗？/ 068

在未经许可的情况下，可使用哪些内容或材料？/ 069

作品什么时候进入公有领域？/ 070

如何确定作品是否仍受著作权或相关权的保护？/ 071

何时可在著作权限制或例外以及"合理使用"或

　"公平交易"的情况下使用作品？/ 071

什么是私人复制的征税制度？/ 073

可以使用技术保护措施（TPMs）保护作品吗？/ 074

如何获得授权使用他人受保护的作品？/ 074

企业如何降低侵权风险？/ 075

行使著作权 ··· **079**

著作权在什么情况下会受到侵犯？/ 081

如果权利可能或者已经受到侵犯，应该如何应对？/ 082

在不诉诸法庭的情况下，还有哪些解决著作权侵权

　问题的途径可供选择？/ 084

附　录 ·· 085
　　附录1　常用网站和国际非政府组织机构网站 / 087
　　附录2　部分国家或地区版权局/知识产权局网址 / 090
　　附录3　与著作权及相关权相关的国际条约摘要 / 093
　　附录4　《伯尔尼公约》缔约方名单 / 098

著作权和相关权

什么是著作权？

著作权法为作者、作曲家、计算机程序员、网站设计师和其他创作者的文学、艺术、戏剧和其他类型的创作提供法律保护，这些创作通常被称为"作品"。

著作权法保护各种各样具有独创性的作品，如书籍、杂志、报纸、音乐、绘画、照片、雕塑、建筑、电影、计算机程序、电子游戏和原始数据库。更详细的列表见"著作权的保护范围和保护期限"章节。

著作权是指著作权法赋予作品的作者或创作者在有限并持续的一段时间内对其作品享有的各种专有权利。这些权利确保作者能够以多种方式控制其作品的商业使用，并获得报酬。此外，著作权法还赋予作者"精神权利"以保护其声誉和尊严。

著作权和业务内容

大部分企业的某些业务内容受著作权保护。例如：计算机程序或软件；网站内容；产品目录；通讯简报；机器或产品的说明书或操作手册；设备用户手册、维修手册或保养手册；产品说明书、标签或包装上的图片和文字；宣传页、广告牌、网站上的营销和广告材料；等等。在大多数国家，著作权还保护商品的草图、图纸或设计。

什么是相关权？

"相关权"是指赋予表演者、音像图像制作人和广播公司的权利。有些国家，如美国和英国，将这些权利纳入著作权范畴予以保护；还有一些国家，如德国和法国，则将这些权利纳入"邻接权"范畴单独予以保护。

"相关权"（或者说"邻接权"）有以下三类。

1. 表演者（如演员、音乐家）对其表演享有的权利。表演包括对在先艺术作品、戏剧作品或音乐作品的现场表演，或对在先文学作品的现场背诵或朗诵。这些被表演的作品不需通过任何媒介或以任何形式固定，可以是公有领域的作品或受版权保护的作品。表演也可以是即兴创作的，无论是原创的还是基于在先作品创作的。

2. 录音制品（或称"唱片"）制作者对其录音制品（如光盘）享有的权利。

3. 广播组织对其广播和电视节目以无线方式传播的作品享有的权利。在有些国家，还包括对通过电缆系统传播（也称"有线广播"）的作品享有的权利。

关于更多相关权的介绍参见"著作权的保护范围和保护期限"章节。

著作权和相关权保护权利人不同类别的作品。著作权保护作者创作的作品，而相关权保护那些在向公众提供表演、传播或播放作品方面发挥重要作用但未必受到著作权保护的个人或组织的作品。

【示例】对于一首歌曲，著作权保护作曲家的音乐和作者（作词人）的文字。而相关权适用于：音乐家和歌手对该歌曲的表演；录音制作者对该歌曲的录音；广播组织制作并传播的包含该歌曲的广播节目。

著作权和相关权对企业有什么价值？

著作权保护文学、艺术、戏剧或产品或服务中的其他创造性元素，由此保护著作权所有者作品中的原创元素不被他人使用。著作权和相关权对企业而言具有以下价值。

1. 控制原创作品的商业性使用。这些作品包括书籍、音乐、电影、计算机程序、原创数据库、广告、网站内容、电子游戏、录音、广播和电视节目以及其他创意作品。未经权利人事先许可，他人不得复制或商业性使用受著作权和相关权保护的作品。这种对受著作权和相关权保护的作品的专有使用权有助于企业在市场上获得并保持可持续的竞争优势。

2. 产生收入。像财产所有者一样，作品的著作权或相关权所有者可以使用自己的作品，或者以出售、赠与或继承的方式将其转让。著作权和相关权的商业化运用有多种方式。一种是制作并销售受著作权或相关权保护的作品，如摄影作品的印制品；另一种是将著作权出售或转让给其他个人或企业；还有一种方式，也是最好的方式，则是将其许可，即著作权所有者允许其他个人或企业在双方同意的条款和条件下使用其受著作权保护的作品，并获取报酬。

3. 筹集资金。拥有著作权和相关权资产（例如电影发行权）的企业可以将这些权利用作抵押品，让投资者和借款人获得"担保权益"，从而向金融机构借款。

4. 对抗侵权者。著作权法允许权利所有人对任何侵犯其专有权利的人（侵权人）采取法律行动，以获得经济救济、销毁侵权作品并收回律师费。在有些国家，故意侵犯著作权的人可能会受到刑事处罚。

5. 使用他人作品。为商业目的使用他人受著作权和相关权保护的作品，可以提高企业的价值或效率，包括提升品牌价值。例如，在餐厅、酒吧、零售店或飞机上播放音乐能够提升客户体验。在大部分国家，要以上述方式使用音乐，必须事先征得著作权和相关权所有人的同意，获得将音乐用于特定用途的许可。

学习著作权和相关权法律有助于了解何时申请授权，以及如何获得授权。向著作权和/或相关权所有人获得许可，以将作品用于特定用途，往往是避免纠纷的最佳方式，由此可以避免潜在的时间消耗、不确定性和昂贵的诉讼费。

如何获得著作权和相关权？

世界上几乎所有国家都有一部或多部关于著作权和相关权的国家法律。由于不同国家的著作权和相关权法律之间存在重大差异，企业在做出任何涉及著作权和/或相关权的关键业务决定之前，应参阅相关国家法律，并听取专业人员给出的法律意见。

很多国家都签署了若干重要的国际条约。这些国际条约在很大程度上有助于协调各国之间的著作权和相关权保护水平，使作品不需要任何登记手续或要求便可在很多国家获得著作权保护。主要国际条约参见附录3。

有没有其他保护原创的法律途径？

根据创作的性质，可以利用以下一种或多种知识产权来保护企业的利益。

1. 商标。商标是一种具有排他性的专用标志，如文字、图形、颜色或其组合，用于区分一家企业的产品与其他企业的产品。

2. 工业设计。产品的装饰或美学特征可以通过工业设计保护来获得专有权,一些国家也将工业设计称为"外观设计专利"。

3. 专利。专利可以保护符合新颖性、创造性和实用性标准的发明。

4. 商业秘密。具有商业价值的机密商业信息可以作为商业秘密得到保护,只要其所有者采取合理措施对该信息进行保密。

5. 反不正当竞争。反不正当竞争法律赋予企业采取行动对抗竞争对手不正当商业行为的权利。反不正当竞争法律往往比各种特定类型的知识产权更能给予企业额外的保护,以防止各种各样的产品复制。即便如此,各种专门知识产权法律通常比一般的反不正当竞争国家法律更能提供强有力的保护。

有时,创造性作品可以通过若干种知识产权(同时或按一定顺序)获得保护,如迪士尼公司的米老鼠卡通形象同时受著作权法和商标法保护。

著作权的保护范围和保护期限

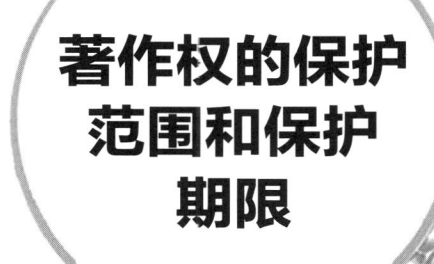

著作权保护哪些类型的作品？

纵观大多数国家的著作权法发展史，受保护的作品范围均逐渐扩大。尽管各国著作权法一般不会提供所有受保护作品类型清单，但通常会列举出范围相当广泛且灵活的作品类型。大多数国家保护以下作品类型。

1. 文学作品，如书籍、杂志、报纸、技术论文、说明书、目录、表格和文学作品汇编。

2. 音乐作品，包括音乐作品汇编。

3. 戏剧作品，不仅包括戏剧，还包括录像带上录制的销售培训项目等。

4. 艺术作品，如卡通、素描、绘画、雕塑和计算机艺术作品。

5. 摄影作品，包括物理和数字形式的作品。

6. 计算机程序和软件。

7. 部分类型的数据库。

8. 地图、地球仪、图表、平面图和技术图纸。

9. 广告、商业印刷品和标签。

10. 影视作品，包括电影、电视节目和网络广播。

11. 多媒体产品。

12. 有些国家还保护应用艺术作品，如艺术珠宝、墙纸和地毯。

著作权既保护印刷作品，也保护生成或保存于电子或数字媒介中的作品。虽然数字形式的作品只能被计算机读取（因为它只由1和0组成），但是这并不影响其受著作权保护。

计算机程序和软件保护

虽然从数字的角度看，文本、声音、图形、照片、音乐、动画、视频等与软件完全没有区别，但计算机程序与其他类型的作品相比有本质的不同，即文本、声音、图形等在本质上通常是静态的，而计算机程序本质上是动态的。因此，关于著作权法是否适用于计算机程序保护存在很多争议。

在实践中，可通过多种方法保护计算机程序的不同要素。

1.著作权将作者在计算机程序中的原创表达作为"文学作品"加以保护。源代码表达了软件工程师的想法，因而可以被看作是一部人类可读的文学作品。除了人类可读的指令（源代码）外，二进制机器可读的指令（目标代码）也被认为是文学作品或"书面表达"，因此也受到著作权的保护。然而，受著作权保护的目标代码的经济价值完全来源于软件所实现的功能。目标代码是计算机功能的构成要素，而计算机功能被以零售软件的形式提供给公众。由于打包软件市场表现出具有先导时间效应，这意味着生产商拥有一个时间窗，在此期间可以获得竞争优势。著作权法赋予作者在法律保护期限内生产衍生作品的专有权，从而使得原先的先导时间效应放大。

2.在有些国家，计算机程序的功能性要素（即与之相关的发明）可以受到专利的保护；而在其他一些国家，所有的软件都被明确地排除在专利保护的范围之外。

3. 在商业实践中，计算机程序的源代码除了作为"文学作品"受著作权保护，还常常作为商业秘密受到保护。

4. 在有些国家，计算机程序创建的某些特征，如计算机屏幕上的图标，还可以作为工业设计受到保护。

5. 合同法管辖的协议仍然是法律保护的核心形式，其能够起到补充作用，甚至可能取代知识产权。通过合同/许可协议获得的额外保护通常被贴上"超级知识产权"的标签。这种额外的保护被认为是对市场主导地位的滥用，因而经常招致负面评价。

6. 近年来，许多国家越来越多地适用刑法来规范信息技术的获取，包括软件。

7. 除了法律可以提供保护，技术本身也提供了一种保护软件的新方式，如使用锁定程序和加密方法。因此，聪明的生产商可以利用技术创造法律之外的保护。例如，电子游戏制造商利用锁定技术和/或著作权法来保护其目标代码。

同时，必须指出的是，软件的某些方面确实不能作为著作权来保护。操作方法（如菜单命令）通常不受著作权保护，除非它们包含高度个性化或艺术性的元素。同样，图形用户界面（GUI）也不受著作权保护，除非它包含一些真正具有表现力的元素。

通过著作权保护计算机软件表达性元素有以下特点。

1. 不需要登记。

2. 成本低。

3. 保护期限长。

4. 只涵盖软件所含思想、系统和方法在程序中表达的特定方式，因此保护范围有限。

5. 不保护思想、系统或方法本身。换句话说，著作权规定源代码、目标代码、可执行程序、界面和用户说明书未经授权不得被复制或使用，但不保护软件中使用的底层功能、创意、过程、方法、算法、操作方法或逻辑。这些内容有时可以受专利保护，或者作为商业秘密获得保护。

只要软件生产商愿意了解知识产权并将其作为商业战略的一部分，当下的环境，无论是在法律层面还是技术措施层面，都为其产品提供了前所未有的保护。但同时，他们也面临着挑战：只需在个人计算机上点击鼠标或按下键盘上的按键，并且有一个互联网账户，一件完美的电子作品复制品就能被生成并发送到世界上任何地方。

值得注意的是，由于当今计算机程序的大规模和复杂性，大部分侵权内容都是完全相同的计算机程序。在大多数情况下，不需要考虑相同之处是表达（受著作权保护）还是功能（不受著作权保护）。

数据库保护

数据库是经过系统性整理、便于获取和分析的一组数据，可以是纸质或电子形式的。著作权法是保护数据库的主要法律。然而，并不是所有的数据库都受到著作权保护，而且即使是受著作权保护，数据库也可能只受到非常有限的保护。

1. 在有些国家，如美国，只有在数据选择、调配或排列方式上具有足够独创性的数据库才受到著作权法保护。而详细的数据库和按基本规则排列数据（如电话簿按字母顺序排列）的数据库在这些国家往往不受著作权法保护（但有时可能受到反不正当竞争法保护）。

2. 在其他国家（主要是欧洲国家），非独创性数据库受一种被称为数据库权的特别权利保护。数据库权为数据库提供了更高层次的保护。根据数据库权，只要数据库制造者在数据内容的获取、验证或呈现上进行了实质性的投入，就可以起诉竞争对手提取和复制使用数据库主要部分（按数量或重要性）的行为。如果数据库在结构上具有足够的独创性，其还可受到著作权保护。

著作权对数据库的保护只覆盖数据库的选择和表现方式，而不扩展到其内容。

作品需要符合哪些标准才能获得保护？

要获得著作权保护，一部作品必须具有独创性。具有独创性的作品"源自"作者的表达，即作品是独立创作的，而不是从他人的作品或公有领域的材料中复制而来的。各国著作权法对"独创性"的确切定义有所不同。但无论如何,独创性与表达的形式有关,而与潜在的想法无关。

在有些国家,要求作品以某种物质形式固定,包括写在纸上、存储在光盘上、画在画布上、记录在磁带上等。因此,未被记下或录制的舞蹈作品、即兴演讲或音乐表演不受保护。"固定"的定义中通常不包括短暂的复制,如短暂投射在屏幕上、显示在电视或类似的设备上,或暂时储存在计算机的内存中。一部作品可以由作者固定,也可以在作者的授权下被固定。如果包含声音或图像的作品在固定的同时被传播,则该作品的传播被视为"固定"行为。该作品可以用两种物质材料来固定:光盘或副本。其中,副本可以是实体的(印刷介质或非印刷介质,如计算机芯片),也可以是数字的(如计算机程序和数据库编译)。

著作权既保护已出版的作品,也保护未出版的作品。

创作具有独创性的作品需要劳动、技能、时间、才华、选择或脑力消耗。尽管如此,一件作品无论其创意元素、质量或价值如何,都受到著作权保护,也不需要有任何文学或艺术价值。例如,著作权适用于包装标签、食谱、纯技术指南、说明书或工程图纸,甚至三岁儿童的绘画。

建筑作品、工程项目、机器、玩具、服装等的草图及技术图纸均受著作权保护。

作品的哪些方面不受著作权保护？

1. 想法或概念。著作权法只保护思想或概念在特定作品中的表达方式，不保护作品包含的思想、概念、发现、操作方法、原理、流程、过程或系统，无论其在作品中以什么形式表达或呈现。虽然概念或方法不受著作权保护，但解释或说明该概念或方法的书面指南或图纸受到著作权保护。

【示例1】某企业拥有啤酒酿造系统说明书的著作权。著作权赋予该企业防止他人抄袭其编写说明书的方式或复制其所使用的句子和插图的权利。但是，著作权不赋予该企业通过任何权利来阻止竞争对手使用说明书中描述的机械、工艺和销售方法，或者另外编写一份说明书。

2. 事实或信息。著作权并不保护事实或信息，无论是科学、历史、传记还是新闻；只保护这些事实或信息的表达、选择或安排的方式。

【示例2】传记中有许多关于某一人物生活的事实。传记作者可能花了大量时间和精力来发现以前未知的事情。然而，其他人只要不复制表达事实的特定方式，就可以免费使用这些事实。同样，人们未经许可不得复制食谱，但可以使用食谱中的信息来烹饪菜肴。

3. 名称、题目、标语和其他短语通常被排除在著作权保护范围之外。不过，有些国家保护具有高度创造性的名称或短语。产品的名称或广告语通常不受著作权保护，但可能受到商标法或反不正当竞争法的保护。相反，如果一个标志满足相应要求，则该标志可以同时受到著作权法和商标法的保护。

4. 政府官方文件，如法规或司法意见，在有些国家不受著作权保护。

5. 应用艺术作品。在有些国家，应用艺术作品不受著作权保护，但这些作品的装饰性特征可以作为工业设计法规定的工业设计受到保护。

但是，物品的可以"独立于实用特征"的图片、图形或雕塑特征受著作权保护。

应用艺术作品——著作权与工业设计权的重叠

应用艺术作品是指与日常用品结合而用于工业目的的艺术作品。典型的应用艺术作品包括珠宝、灯具和家具。应用艺术作品具有双重性质：它们可以被视为艺术作品，然而其开发和使用并不发生在特定的文化市场中，而是发生在通用产品市场中。这使得应用艺术作品处于著作权和工业设计保护的交界上。不同国家对应用艺术作品的保护差别很大。在有些国家，两种保护可能同时存在，但并非所有国家都是如此。因此，建议咨询国内知识产权专家，以确定某一特定国家的情况。

著作权包含哪些权利？

著作权包含两组权利。财产权利保护作者或权利人可能从作品的商业使用中获得的经济利益；精神权利保护作者通过作品所表达的创作的完整性和声誉。

什么是财产权利？

财产权利赋予著作权所有者/权利人授权或禁止作品使用的专有权。专有权是指未经著作权人的事先许可，任何人不得行使这些权利。专有权的范围及其限制和例外情况取决于作品类型和相关国家的著作权法。财产权利不只是一种"复制权"，其重点不仅是这项权利，还包括几种不同的防止他人不公平地利用原著作权所有者的创造性作品的权利。一般来说，财产权利包括以下专有权。

1. 以各种形式复制作品。例如，复制 CD、复印书籍、下载计算机程序、将照片数字化并存储在硬盘上、扫描文本、在 T 恤上打印卡通形象，或者将歌曲的一部分合并到新歌中。复制权是著作权法赋予权利人的最重要的权利之一。

2. 向公众发行作品。著作权法赋予权利人禁止他人出售、租赁或授权未经授权作品的副本的权利。但也有一个重要的例外：在大多数国家，发行权在作品第一次出售或转让的时候就用尽了。换句话说，著作权所有人只能控制作品的"第一次销售"，包括时间、其他条款及条件。一旦作品被出售，著作权所有人就无权决定该作品副本在相关国家或地区的再次分销。购买作品的人可以转售或赠送该作品副本，但不能根据作品制作任何副本或准备衍生作品。

3. 出租作品。出租权通常只适用于特定的作品类型，如电影作品、音乐作品或计算机程序。然而，出租权并不延及作为工业产品一部分的计算机程序，如控制租赁汽车点火的程序。

4. 翻译或改编作品。翻译或改编的作品也称为衍生作品，是建立在受保护作品基础上的新作品。例如，将英文说明书翻译成其他语言，将小说改编成电影，用不同的计算机语言重写计算机程序，制作不同的音乐编曲，或者根据卡通人物制作玩具。然而，在许多国家，创造衍生作品的专有权也有重要的例外。例如，如果合法拥有一个计算机程序的副本，就可以对其进行调整或修改以供常规性使用。

5. 在公众场合表演作品和向公众传播作品。该权利包括通过公开表演、背诵，或者通过无线、有线、卫星、电视（TV）

或互联网来传播作品的专有权。在公众场合表演作品是指在对公众开放的场所或不只有最亲密的家人和朋友在场的地方表演作品。表演权仅限于文学、音乐和视听作品，而传播权包括所有类型的作品。

6. 获得一定比例的作品销售价金。该权利被称为转售权或追续权，只有部分国家赋予这一权利，并且通常仅适用于某些类型的作品，如绘画、印刷品、拼贴画、雕塑、版画、挂毯、陶瓷、玻璃器皿、原始手稿等。如果作品转售是以特定的方式进行，转售权赋予创作者获得转售利润份额的权利。该份额一般为总销售价格的 2%~5%。

7. 在互联网上公开作品，供公众按需查阅，以便人们可以在自己选择的地点和时间查阅作品。该权利特别涵盖了通过互联网进行的按需互动交流。

一般来说，如果任何个人或企业希望将受保护作品用于上述用途，都必须事先获得著作权人的授权。虽然著作权人的权利是专有的，但是该权利有一定期限，并有一些重要的例外和限制。

什么是精神权利？

精神权利来源于法国的"所有权"传统，即将智力创造视为创作者精神或灵魂的化身。盎格鲁-撒克逊的普通法系传统将著作权和相关权视为纯粹、简单的财产权，这意味着对任何作品都可以用与房子或汽车大致相同的方式购买、出售或租赁。

大多数国家承认精神权利，但这些权利的范围差别很大，并且不是所有国家都在其著作权法中赋予精神权利。大多数国家至少承认以下两种精神权利。

1. 表明作者身份的权利，即"所有权"或"署名权"。当作者的作品被复制、出版、向公众提供或传播或者公开展示时，负责复制、出版的人必须确保作者的名字合理出现在作品上或与作品有关的位置。

2. 保护作品完整性的权利。该权利禁止他人对作品进行任何可能损害作者荣誉或声誉的修改。

与财产权利不同，精神权利不能转让给他人，因为它们是作者个人的权利（但精神权利可能会转移给作者的继承人）。即使一件作品的财产权利被出售给他人，其精神权利仍然属于作者。但是在有些国家，作者或创作者可以通过书面协议放弃其精神权利，即同意不行使其部分或全部精神权利。

目前仅有少数国家赋予表演者对其表演享有精神权利，但这样的国家正在增多。表演者对其现场或录制在音像制品中的表演享有的精神权利在财产权利转让后仍然存在，包括：（1）要求表明表演者身份的权利，但由于表演使用方式导致不公开表演者身份的除外；（2）禁止对其表演进行任何可能损害表演者声誉的歪曲、删减或其他修改的权利。

"相关权"包括哪些权利？

表演者，如演员、音乐家、舞者，享有授权或禁止在任何媒体上固定（录制）、向公众传播或通过有线方式广播或传输其现场表演或表演中任何重要部分的专有权，以及授权或禁止复制其现场表演录制品的专有权。有些国家，如欧盟成员国，还赋予表演者授权或禁止对录音制品（唱片）和视听作品租赁和出借的专有权。

在许多国家，当录音制品用于广播或向公众传播时，表演者和/或制作者可获得合理报酬。

在大多数国家，表演者可以全部或部分地将表演者权转让给他人。但是，即使已将该权利转让或许可，表演者也可以根据国家法律禁止制作、销售、分销或进口其现场表演的未授权或"盗版"录制品。

录音制品制作者（唱片制作者或生产者）享有授权或禁止复制、使用或发行其录音制品的专有权。其中，最重要的是控制对其录音制品进行复制的权利。其他权利还包括在播放录音制品时获得合理报酬的权利、公开录音制品（让公众在自己选择的时间获取）的权利，以及向公众传播的权利。在许多国家，生产者可以禁止进口和分销其录音制品。在有些国家，他们还有权获得公开表演或向公众传播受保护录音制品报酬的一半。

唱片制造商的权利

在许多国家，唱片制造商不能禁止他人播放其唱片，而只有从广播组织获取版税的权利。

在承认这一权利的国家，广播组织必须承担应支付的费用，即不仅必须向作曲家支付播放作品的版权费、向唱片制造商支付购买唱片的费用，而且必须向唱片制造商支付广播其唱片的授权使用费。

如果一个国家加入《保护表演者、录音制品制作者和广播组织的罗马公约》、世贸组织（《与贸易有关的知识产权协定》）或《世界知识产权组织表演和录音制品条约》，就可以保留相关规定，该国广播公司就没有向唱片制造商支付任何版税的义务了。

广播组织对其节目的无线传播信号享有专有权，如有权禁止他人转播、录制节目，或复制录制品，即使该节目是在未经广播组织同意的情况下制作的。

有些国家的广播组织有权授权或禁止向个人订阅者按需传播其广播节目的录制品，以及让公众通过在线网络接入计算机数据库获取其广播节目的录制品。但是，许多国家并不认为互联网音频和视频属于著作权和相关权法规定范围内的广播服务。还有些国家的广播组织有权授权或禁止对其节目的有线播送。当然也有些国家允许有线电视运营商不经授权或付费，通过有线方式转播广播组织的节目。

在许多国家，电视传播信号的广播组织享有授权或禁止向公众传播其节目（如在向公众收取入场费的场所播放其节目）的专有权。

授权或禁止有线转播广播节目的权利通常通过集体管理组织（CMO）行使，但广播组织播送自己的节目除外。

关于在线制作和流播内容，建议咨询相关国家的著作权专家，因为这一法律领域正在快速演变。

对于正在表演、录制或在互联网上播放的作品，相关权的行使不受著作权保护影响，也不影响著作权保护。

赋予广播组织的权利不同于电影、音乐和其他传播材料的著作权。

音乐著作权及相关权

一家企业可能会出于各种原因使用音乐，如为了吸引客户、对客户行为产生积极影响，或者作为员工的福利。使用音乐可能有助于企业获得竞争优势，为员工提供更好的工作环境，建立忠实的核心客户群，甚至提升人们对企业品牌或整个企业的印象。

需要授权公开表演或使用付费音乐的，主要包括电视网络、当地电视台和广播电台、有线和无线网络及系统、公共广播、互联网网站、高等院校、餐馆、背景音乐服务商、健身和健康俱乐部、酒店、商业展出、音乐厅、购物中心、游乐园、航空公司和其他各种行业的音乐使用者，还包括电话行业（用于铃声）。

音乐的著作权和相关权保护通常涉及各层次的权利和一系列权利所有者/管理者，包括作词人、作曲家、乐谱出版商、唱片公司、广播公司、网站所有者和著作权集体管理协会。

如果音乐和歌词是由两个不同的作者创作的，国家法律很可能认定这首歌包括两部作品——一部音乐作品和一部文学作品。不过，在大多数情况下，使用者可以从集体管理组织获得对整首歌曲进行广播的许可。

音乐出版权包括录制权、表演权、复制权，以及将作品纳入新作品或不同作品（有时称为衍生作品）的权利。为了便于商业开发，通常大多数词曲作者倾向于根据音乐出版协议将出版权转让给称为"发行商"的实体组织，该协议将著作权或管理著作权的权利转让给发行商。

与音乐作品相关的权利包括表演权、印刷权、机械复制权和同步权，简要说明如下。

公开表演权通常是词曲作者最主要的收入来源。在有些国家，唱片（或"录音制品"）没有公开表演权，只有数字音频传输有公开表演权。在这些国家，特别是美国，表演音乐作品不需要获得非数字录音制品授权，而只需获得录音制品所含歌曲的授权即可。

印刷和销售单曲、多首歌曲或乐谱的权利称为印刷权，由发行商授权。

机械复制权是指在录音机上录制、复制和向公众分销受著作权保护的音乐作品（包括录音带、光盘和任何其他录制声音的物品，但电影和其他视听作品附带的音乐除外）的权利。授予用户利用机械复制权称为机械复制权许可。

录制在视听制作（如电影、电视节目、电视广告或视频制作）中与帧或图片同步的音乐的权利称为影音同步权。在视听录音制品中录制音乐需要获得影音同步权许可，即制作人被授权将一段特定的音乐加到视听作品中。这种许可传统上由电视制作人通过直接协商，从作曲家和歌词作者处获得，或更常见的情况是从发行商处获得。

在视听录制品中使用音乐除了需要获得作曲家的许可，还需要向包含该音乐作品的录音制品的所有人获取单独的影音同步权许可。

母版制作（简称母版）是指最初制作的录音（在磁带或其他存储载体上）。唱片制造商或制作人从母版中制作CD或磁带，并出售给公众。复制和分销包含对特定艺术家音乐作品的特定表演的录音制品需要获取母版录制权或母版使用权。

使用音乐作品作为手机铃声已成为快速增长的音乐使用需求，并且是一种使手机个性化的有趣而流行的方式。事实证明，手机铃声的流行比许多人最初预期的更广泛和持久，以至于这种新的音乐使用形式被放在了移动设备"付费"内容预期增长的前沿位置。

铃声是一种通过短信或WAP发送到移动设备的二进制代

码文件，其许可通常包括"单声道"和"多声道"铃声的创造和传递。

数字版权管理（DRM）工具和系统在音乐销售的在线管理和防止盗版中发挥着重要作用。例如，苹果公司和微软公司分别利用 FairPlay 技术和 Windows 媒体对数字音乐设置了限制，使著作权所有者可以获得销售补偿，从而减少数字拷贝的制作。

著作权和相关权的保护期有多长？

在大多数国家，大部分作品财产权利的保护期为作者有生之年加死亡后至少 50 年。在有些国家，这一保护期甚至更长。例如，在欧洲、美国和其他几个国家或地区，作品财产权利的保护期为作者有生之年加死亡后 70 年。因此，作者及其继承人都能从作品中受益。对于涉及几位作者的作品（即合著作品），保护期从最后死亡的作者开始计算。一旦作品的著作权保护期结束，作品就会被视为进入"公有领域"。

根据相应的国家法律，某些类别的作品适用特别条款，尤其是以下作品：(1)员工创作的作品和委托作品（例如，保护期可能是作品出版后 95 年或创作后 120 年）；(2)合著作者的作品；(3)电影作品；(4)匿名或假名作品；(5)摄影作品和应用艺术作品（有时适用较短的保护期）；(6)政府创作的作品（其中部分或全部可能排除在著作权保护范围外）；（7）作者死后出版的作品；（8）版式设计。

精神权利的保护期在各国有所不同。在有些国家，精神权利是永久的；而在其他国家，精神权利与财产权利同时终止，或在作者死亡时终止。

相关权的保护期通常短于著作权。在有些国家，相关权的保护期在录制、表演或广播后第20年年末终止。不过，许多国家相关权的保护期为50年。

在有些国家，照片的保护期仅为出版之日起5年或15年。

保护原创作品

如何获得著作权及相关权保护？

著作权及相关权无须通过任何官方程序即可获得授权。作品一旦完成，便自动获得保护，无须进行特别的登记注册、交存、缴费或其他任何正式请求。但是应注意，有些国家要求作品以某种物质形式固定。

多媒体产品的著作权保护

多媒体产品通常包括若干种典型的作品，且经常与一种固定的媒介组合在一起，如计算机磁盘或光盘。多媒体产品有电子游戏、信息站和交互式网页等。可以组合成多媒体产品的作品包括音乐、文字、照片、剪贴画、图形、软件和全动态视频，其中每一个作品都可能享有著作权。另外，这些作品的汇编或者整合——多媒体产品本身——如果有其中一个产品被认定为原创，就可能会获得著作权保护。

如何证明您是著作权所有人？

当您试图在争议中声明自己的权利时，无手续的保护制度可能会造成一些困难。确实，如果有人声称您抄袭了他的作品，那么您如何证明自己是原创作者？可以采取如下预防措施来证明自己在特定的时间点创作了作品。

1. 有些国家的版权局提供交存或登记作品的付费选择，参见附录 2 列示的部分国家或地区版权局／知识产权局网站。这样做，能为著作权保护主张提供有效证据。如果您已经在这些国家的版权局登记作品，那么就可以更有效地起诉著作权侵权行为。因此，强烈建议优先选择作品登记。

2. 可以将作品的复制品存放在银行或者律师那里。也可以将其放入信封密封后通过特快专递寄给自己（使信封上有一个清晰的邮寄日），注意收到信件时不要打开。然而，并非所有国家将此做法作为有效证据。

3. 对已发表的作品注明著作权声明。

4. 建议用具体的标准识别编号系统对作品进行标识，如用于图书的国际标准书号（ISBN），用于记录声音的国际标准音像制品编码（ISRC），用于辨识乐谱的国际标准乐谱编码（ISMN），用于主要由集体管理组织控制的保留剧目轮演等音乐作品的国际标准音乐作品编码（ISWC），用于视听作品的国际标准音视频编码（ISAN），等等。

如何保护电子形式或者数字形式的作品？

电子或者数字形式的作品，如 CD 作品、DVD 作品、在线文本、音乐、电影，特别容易遭遇侵权，因为其很容易通过网络被复制、传输，并且在此过程中作品通常没有任何重大的质量损失。上述预防措施，如在国家版权局登记或交存，同样适用于这些作品。

当企业通过线上提供受著作权保护的作品时，此类作品一般都受"鼠标点击合同"（也称为"按键合同"）保护，以限制可以处理内容的用户。这种限制通常仅允许单个用户阅读/收听作品副本，而禁止进行再销售或再使用。

此外，许多企业采取技术措施保护其数字内容的著作权。这样的措施通常称为数字版权管理（DRM）工具和系统，用于定义、跟踪、通过电子手段强制执行权限和条件，贯穿内容的整个生命周期。

DRM工具和系统通常通过两种方法控制数字作品的著作权。

1. 在数字作品上标记著作权保护、所有者等信息，即"权利管理信息"。

2. 实施"技术保护措施"（TPMs），以便控制（允许或拒绝）访问或使用数字作品。对于不同类型的著作权作品，TPMs可以根据适用的著作权及相关法律，帮助控制用户查看、收听、修改、记录、摘录、翻译，以及一定时间内保留、转发、复制、打印等。TPMs也能保证隐私、安全和内容完整性。

选择正确的DRM工具和系统

通过DRM工具和系统，可采用多种技术降低著作权被侵犯的可能性。由于每种技术在获取、整合、维护成本上都有各自的优势和劣势，实际应用时最好综合评估作品使用的风险等级，以确定选择特定的技术。

权利管理信息

可通过多种方法识别受著作权保护的材料。

1. 给数字内容作标记，如附带著作权声明或"仅用于非商业目的的复制"等警告标记。在企业网站的每个页面列出使用页面内容的条款和条件，也是实践中一种很好的做法。

2. 数字对象标识符（DOI），是一个用于数字环境中识别受著作权保护作品的系统。DOI 是分配给数字作品的标签/名称，供网上使用。它们能够提供最新信息，包括在哪个网站可以找到该作品。有关数字作品的信息可能会随着时间发生变化，包括其获取途径，但是其 DOI 不会改变。

3. 时间戳，是附加在数字内容（作品）上的标签，它可以证明作品在特定时间的状态。时间是证明著作权是否被侵犯的关键因素：一封电子邮件何时发送，一份合同何时签订，一件知识产权何时被创造或修改，一项电子证据何时被获取。一种专用的时间戳服务可以证明文件创建的时间。

4. 数字水印，使用软件将著作权信息嵌入数字作品中。数字水印可以是明显可见的，很像图片边缘的著作权声明；

也可以嵌入整个文件中，只有在打印文件时显示水印页。通常情况下，水印嵌入后在文件正常使用中不会被发现。不仅可见水印有威慑作用，隐形水印在证明剽窃、在线追踪著作权作品等方面也很有效。

技术保护措施（TPMs）

有些企业更喜欢利用技术措施来限制作品获取，仅允许接受作品使用条款和条件的用户访问。这些措施包括以下内容。

1.加密，通常用于保护软件产品、录音制品和未经许可使用的视听作品。例如，当用户下载作品时，DRM软件可以联系到清算所（管理著作权和相关权的机构）来安排付费、解密文件、分配单独"密钥"（如密码），从而让用户可以查看、收听内容。

2.访问控制或条件访问系统，最简单的形式是检查用户身份、文件内容和每个用户对某个作品的权限（如读取、修改、执行等）。数字作品的所有者可以通过多种方式进行访问权限设置。例如，文件可见但不能打印，或只可在有限的时间段内使用。

3.仅发布质量较低的版本。例如，企业可以在网站发布照片或其他图像，这些照片或图像的细节可能足以满足日常使用（如用于广告设计），但其精度和质量不足以用于杂志印刷。

使用 TPMs 的注意事项

提供数字内容的企业如果要防止自己的数字作品未经授权而被复制和转发，可能就要考虑实施 TPMs。同时，TPMs 的使用应当与其他考虑相平衡。例如，不应该以违反其他法律的方式使用 TPMs，如隐私法、消费者权益保护法、反不正当竞争法。

企业使用他人的数字内容时，建议获取所需用途的所有许可，必要情况下，包括获取解码受保护作品的授权。这是因为企业或者个人若设法绕过一项 TPM 而使用受保护作品，可能违反反规避法，且造成著作权侵权。

【学习案例】Memory Computación 公司

2001 年，在纽约的 Office XP 发布会上，微软公司同时推出一款名为"Memory Conty"的软件。这是一款为企业设计的会计程序，集成于 Office XP 中。该软件由一家来自乌拉圭的公司 Memory Computación 公司（简称 Memory 公司）创建。

Memory 公司系统地评估了保护、管理和执行权利的必要措施，以期从所有者那里获得最好的商业结果。每一个 Memory Conty 软件副本都有一个用户许可证，表明软件受著作权法的保护，并且禁止除备份外的任何目的的对软件全部或部分进行复制、翻版。Memory公司在它运营地、允许著作权自愿登记的国家版权局进行了软件登记。

Memory公司意识到知识产权侵权行为，尤其是软件盗版频繁发生，因此制定了平行策略来保护其产品。首先，Memory公司在软件中植入一系列技术机制，防止很容易地被复制。其次，Memory公司聚焦售后服务的质量，对产品新版本不断创新并发送给合法用户，以获取用户喜爱，让用户感受到购买合法软件而不是盗版软件的价值。

作品如何在国外获得著作权保护？

大多数国家是一个或多个国际条约的成员国，以确保自己国家的著作权作品在另一个为同一国际条约成员国的国家自动受到保护。最重要的国际著作权条约是《保护文学和艺术作品伯尔尼公约》（见附录3）。如果权利人是《伯尔尼公约》缔约方（见附录4）的国民或居民，或者权利人已经在其中一个成员国出版作品，那么他的作品将在其他加入《伯尔尼公约》的国家自动获得著作权保护。

然而，著作权保护仍然存在国别差异。作品仅在满足有关国家著作权法要求的情况下才能获得著作权保护。所以尽管作品在许多国家自动受到著作权保护（由于国际条约），但每个国家仍然有独立的著作权保护制度，且可能截然不同。

作品的著作权声明是必需的吗？

在大多数国家，著作权声明不是作品受保护的必要条件。尽管如此，还是强烈建议在与作品相关的地方放置著作权声明，因为它能提醒人们该作品是受到保护的，且能显示著作权所有者。这样的身份证明可以帮助那些希望使用作品的人获得事先许可。放置著作权声明是有效保障，不需要许多额外费用，但是最终能帮助节省因阻止作品被抄袭产生的花费；同时，也有助于他人更容易识别著作权所有者，促进事先许可的授权。

此外，在某些司法管辖区，最典型的如美国，有效的著作权声明意味着侵权人已经知道作品的著作权状态。因此，法院将追究侵权人的故意侵权，其将承担比善意侵权更重的惩罚。

对作品进行著作权声明没有正式的程序，书写、打字、盖章或者涂漆都可以。著作权声明通常包括：

1. 出现"著作权"一词，如"copyright""copr."，或者带有著作权符号ⓒ。

2. 作品首次发表的年份。

3. 著作权所有者的姓名。

【示例】 Copyright 2006, ABC Ltd.

如果对作品进行了重大修改，建议通过添加修改年份对著作权声明进行更新。例如，"2000，2002，2004"代表着该作品出版于2000年，并于2002年、2004年进行了修改。

对于不断更新的作品，如网络上的内容，著作权声明可以包括从首次出版到现在的年份，如"ⓒ1998—2006，ABC Ltd"。同时还建议作出补充声明，列出未经许可不得实施的行为。

对于受保护的录音产品，用圆圈或者括号里加字母"P"的格式来表示。为了在该国获得保护，一些国家要求将该符号和首次出版年份标记在录音制品（如CD或音频）的副本上。

网站的著作权保护

网站涉及许多不同创意作品的组合，如图形、文本、音乐、艺术品、照片、数据库、视频、计算机软件、用于网站设计的HTML代码等。著作权可能保护这些单独的元素，如一篇网文可能拥有自己的著作权。著作权也可能保护选择和安排这些元素来创建总网站的方式。了解更多信息参见www.wipo.int/sme/en/documents/business_website.htm。

著作权
所有权

是否所有的著作权作品作者都享有所有权？

"著作权"和"所有权"的概念经常被混淆。作者是创作作品的人。如果作品由一个以上的人创作，那么所有的创作者被视为共同作者或联合作者。所有权与著作权的精神权利、确定作品保护期限密切相关。

著作权所有权则是另外一个不同的问题。作品著作权所有者享有作品独家使用权，如使用、复制、销售、制作衍生作品。一般来说，作品的著作权最初属于实际创作者，也就是作者。然而，并非每个国家都是如此，尤其是以下情况：（1）员工创作的作品属于其工作的一部分，即职务作品；（2）作品为委托创作或特别定制的；（3）作品是由多人创作的。

请注意，在大多数国家，可通过合同协议变更或澄清一般法律规定的著作权所有权。

谁享有著作权的精神权利？

著作权的精神权利属于作品的个人创作者或其继承人。但是如前所述，在有些国家，精神权利可能会被限缩。

企业不能享有作品著作权的精神权利。例如，如果一部电影的制作者是一家企业，那么只有导演和编剧才享有该电影作品的精神权利。

谁享有员工创作作品的著作权？

在有些国家，如果员工创作作品是在其工作职责范围内，那么雇主自动享有该作品的著作权，另有约定的除外。但并非总是如此，根据有些国家的法律规定，著作权转移给雇主不是自动的，需要在劳动合同中明确规定。事实上，在有些国家，规定对每部作品的著作权归属都要进行实际约定。

【示例1】受雇于一家企业的计算机程序员，其工作内容的一部分就是在正常工作时间内，使用企业提供的设备制作视频游戏。在大多数国家，该游戏软件的财产权利属于企业。

如果员工在家或下班后做这些工作，或者他创作的作品不属于其日常工作，则会发生纠纷。为了避免纠纷，企业应与员工签署书面协议，明确说明所有可能出现的著作权问题，这是很好的实践经验。

为政府创作的作品

在有些国家，政府享有在其指导或控制下所创作且首次发表的作品的著作权，另有书面合同约定的除外。为政府部门和机构创作作品的小型企业需要了解此项规定，并通过书面合同澄清著作权所有权。

职务作品

在有些国家，如美国，其通过著作权法定义了一种"职务作品"。职务作品是员工在工作职责内或委托合同范围内创作的作品。由于雇佣关系，著作权所有权属于支付费用的实体，如公司、组织或个人，而非创作者个人。

谁享有委托作品的著作权？

如果作品由外部人员或创意服务机构依据双方签订的有效委托合同创作而成，则作品著作权归属情况是不同的。在大多数国家，创作者本人享有委托作品的著作权，委托人只有作品的使用许可。例如，许多作曲家、摄影师、自由记者、平面设计师、计算机程序员、网站设计师就是在此基础上开展工作的。委托作品著作权的所有权问题最常出现在以相同或不同目的对委托内容的再使用中。

【示例2】您计划在贸易展会上推广自己的新作品，请一家外包公司进行广告创作。按照大多数国家的法律规定，该广告公司享有著作权，除非在合同中另有约定。一段时间之后，您想在自己的新网站上使用该广告作品的一部分（一个平面设计、照片或徽标），就必须从广告公司那里获得著作权内容的使用许可。这是因为，未在原始合同中约定在网站上使用相关内容的许可。

尽管如此，仍有一些例外情况，如为私人目的拍摄的照片、肖像和版画、录音、电影胶片，在有些国家，当事人享有这类委托作品的著作权，另有约定的除外。

正如前文关于雇主、雇员关系下作品著作权归属确定方式，在委托外部创意服务机构之前，签署关于著作权所有权的书面协议十分重要。

谁享有多位作者创作的作品著作权？

合著的一个基本要求是每个合著者的创作本身必须是著作权客体。在合著的情况下，通常在所有合著者达成一致意见的基础上行使权利。如果没有达成一致，通常适用以下规则。

1. 联合作品。当两个或多个作者同意将他们的创作合并成一个不可分离或相互依存的组合时，就产生了一件"联合作品"。例如，教材就是将两个或多个作者的单独创作部分合并成一件独立的作品。在一件联合作品中，创作者成为整个作品的联合所有者。许多国家的著作权法要求，在所有联合所有者同意的情况下才能行使著作权。还有些国家，其中一个联合所有者可以不经其他合著者同意就使用作品（但可能要共享作品使用产生的利润）。因此，最好的办法是作者和所有者签订书面协议，可以在其中详细指定所有权和使用权问题、作品的修改权、销售和收益分配，以及著作权侵权责任。

2. 集体作品。如果作者们不希望将作品作为联合作品，而是希望独立行使权利，那么该作品将被视为"集体作品"。例如，一张CD就是一种集体作品，它汇编了多位作曲家的歌曲。一本包含自由职业作家文章的杂志也属于集体作品。在这种情况下，每个作者都拥有自己创作作品的著作权。

3. 衍生作品。衍生作品是基于一件或多件在先作品而形成的新作品，如翻译作品、音乐编曲、艺术再现、戏剧或电影改编作品。创作衍生作品是著作权所有者的专有权利。但是，衍生作品本身是有资格获得独立著作权保护的，尽管这种保护只延伸到衍生作品的原创部分。

实践中，将联合作品与集体作品或衍生作品区分开来并不容易。联合作品的不同作者经常在不同的时间做出自己独立的创作，以至于可能出现"更早"或"更晚"的作品。在大多数国家，确定作品是否为联合作品、集体作品或衍生作品，取决于合著者是否愿意成为联合作者。如果作者们无意创作联合作品，那么两个或多个作者创作的不可分割或相互独立的作品，将成为集体作品或衍生作品。

【示例3】《达·芬奇密码》电影是《达·芬奇密码》一书的衍生作品。因此，该电影的制片人需要书的作者丹·布朗的许可，才能制作和上映电影。

从著作权和
相关权获益

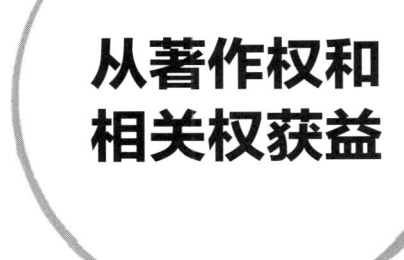

如何利用创意作品获取收益？

如果企业享有作品的著作权，就自动享有一系列完整的专有权。这意味着只有该企业可以复制该受保护的作品，出售或出租该作品的复制品，创作该作品的衍生作品，在公共场合表演和展示该作品，等等。如果他人想使用受著作权保护的内容或将其商业化，著作权所有人可以通过许可、出售全部或部分专有权来获取收益。企业可以要求一次性支付费用，也可以要求持续支付。相比直接通过作者、创作者或著作权所有者使用作品著作权获益，这种许可或出售通常会为企业带来更多的利润。

专有权能以任何方式被分割、细分、许可、出售给他人。同时，受地域、时间、细分市场、语言（翻译作品）、载体或内容的影响，这些权利的出售和许可可能会受到限制。例如，著作权所有者可以转让作品著作权、将出版权出售给图书出版商、将电影著作权出售给电影公司、将作品广播权出售给广播电台、将戏剧作品改编权出售给戏剧社或电视节目公司。

将创意作品商业化的方法有许多，下面列出了几种。

1. 只出售受著作权保护的作品，或复制并销售其复制品。这两种情况下，著作权所有人仍享有全部或大部分著作权专有权。

2. 可以将作品著作权的财产权利进行许可，允许他人复制或以其他方式使用作品。

3. 可以出售（转让）全部或部分作品著作权。

将作品出售后，会丧失相应的著作权吗？

著作权不同于拥有固定实物的所有权。仅仅是出售一件有著作权的作品（如计算机程序、手稿），并不会导致著作权自动转让。作品著作权一般仍属于作者，与作品买受方明确达成书面协议的除外。

但是，在有些国家，如果著作权人将原作（如一幅画）或其复制品出售，则可能丧失与著作权相关的一系列专有权。例如，复制品的购买者可能享有进一步处理复制品的权利，以便出售或转让。哪些权利会丧失、哪些权利会保留，各国的相关法律规定差异很大。建议在出售作品复制品、进入出口市场之前确认适用的著作权法。

什么是著作权许可？

著作权许可即允许他人（个人或企业）行使权利人的一项或多项受著作权保护的作品的经济权利。著作权许可的好处在于权利人仍然是著作权所有者，其可以通过收费允许他人复制、发行、下载、广播、网络直播、联播、发布播客视频或创作衍生作品。签订许可协议时，可以对协议内容灵活调整，以满足各方具体需求。这样，权利人就可以根据自己的需要来许可部分权利。例如，虽然许可了复制和使用计算机游戏的权利，但权利人仍可保留创作衍生作品的权利（如电影）。

独占许可和非独占许可有什么区别？

许可可以是独占许可，也可以是非独占许可。一方面，如果授予独占许可，则被许可人独自拥有按照许可协议使用作品的权利。在大多数国家，书面形式的独占许可才是有效的。独占许可也可能被限制，如针对特定区域，或限制在一段时间内，或对目的有所限制，或根据其他需求类型限制独占许可的延续性。如果权利人对自己的作品缺乏有效的营销资源，独占许可通常是使著作权作品能够在市场获得分销和销售途径的一种良好商业策略。

另一方面，如果授予一家企业非独占许可，该企业即可行使一项或多项专有权，但这并不会妨碍权利人许可他人（包括自己）同时行使相同的权利。因此，权利人可以将作品使用、复制、转发的权利许可给任意数量的公司或个人。与独占许可一样,非独占许可可能在方方面面受到限制。在大多数国家,非独占许可可以是口头形式的,也可以是书面形式的。建议最好达成书面协议。

当出售著作权时会发生什么?

权利人也可以选择出售作品的著作权,取代许可,这种情况下,买受方成为新的著作权所有者。这种所有权转移的技术术语称为"转让"。许可只是授予他人合法做某些事情的权利,转让则是向他人转移全部的收益。权利人可以转让全部权利,也可以只转让部分权利。在许多国家,转让必须以书面形式进行约定,并且经权利人签字后才生效。

在少数国家,著作权不允许转让。另外,请记住只有经济权利可以转让,精神权利一直属于作者本人。

许可策略

获得许可后,被许可人只能按照许可协议约定的内容从事各项活动,超出许可协议约定范围内的活动是不允许的。因此,在许可协议中尽可能准确界定许可活动的范围非常重要。一般来说,许可时最好将特定的需求和许可收益限定在一定的范围内。如果是非独占许可,则被许可人可以是任何有意愿的客户,不论他们的目的相同与否、授权许可的条款和条件相同与否。

然而，有时候对作品的绝对控制于被许可而言，是一种商业安全性，或者说是其商业战略的重要组成部分。在这种情况下，独占许可或转让所有权利，并且一次性付费是最好的交易方式。但是，权利人应该在用尽所有其他可能的选择后，再考虑这两种形式的谈判，同时确保自己能够获得足够的报酬。一旦权利人将作品的著作权转让出去，就不能再得到所有未来潜在的收益。

什么是商业化？

商业化是市场营销中的一种形式，是指通过将知识产权（通常是商标、工业品外观设计或著作权）用在产品上来增强其对顾客的吸引力。例如将连环漫画、演员、潮流明星、体育名人、名画、雕像和许多其他图像用在一系列完整的产品上，如T恤衫、玩具、文具、咖啡杯或海报。著作权商业化可能成为一种利润丰厚的额外收入来源。

1. 拥有作品（如连环漫画、照片）著作权的企业，将著作权许可给潜在的商家，可以获得可观的许可费和版税。通过这种方式，企业还可在相对无风险和成本收益较高的情形下，从一个新产品市场中获取收益。

2. 生产大量低价商品（如咖啡杯、糖果或T恤衫）的企业可以通过在商品上使用名人、艺术作品或其他有吸引力的元素使其更具吸引力。

商业化需要事先获得在衍生产品上使用各种权利（如著作权、工业品外观设计、商标）的授权。使用名人图像时需要特别注意，因为它们可能受到隐私权和形象权的保护。

Mary Engelbreit：艺术家和企业家

Mary Engelbreit 因为她色彩缤纷、错综复杂的设计而闻名全球，成为艺术授权的先驱。一些知名信用卡公司买下她的设计，许多别的公司也都迫切希望获得 Mary 独特艺术作品的许可，衍生产品包括日历、T 恤衫、马克杯、礼品书、橡皮图章、陶瓷小雕像等。关于她的商业案例研究详见网站 http：//www.wipo.int/sme/en/case_studies/engel breit_licensing.htm。

如何许可作品？

作为著作权或相关权的所有者，可以决定是否、如何以及向谁许可自己的作品。著作权所有者可以选择不同的许可方式。

其中，著作权所有人可以选择自己处理许可过程的各方面工作。可以分别与每一个被许可人谈判许可协议的条款和条件；如果对方有兴趣使用自己作品的著作权及相关权，权利人也可以提供许可协议的格式条款和条件。

权利人自己管理所有的权利时往往涉及大量的行政工作，要花费成本搜集市场信息、搜索潜在被许可人、协商合同。因此，可以考虑将自己的全部或部分权利委托给专业的代理商或代理机构，让他们可以代表自己签订许可协议，如图书出版商、唱片制作人。代理商通常对潜在被许可人有着更好的定位，能协商到更好的价格和许可条款。

实践中，著作权及相关权人，甚至许可代理商都很难关注到作品的全部用途。对于用户，如广播电台或电视台，为了获得必要的许可，单独联系每位作者或著作权所有者也相当困难。在个人许可无法实施或不切实际的情况下，如果能明确作品涉及的具体类别，那么加入一个集体管理组织（CMO）是一种不错的选择。集体管理组织可以代表某些类别作品的创作者监督作品的使用，并负责谈判许可协议、收取费用。权利人可以加入本国或其他国家的集体管理组织。

集体管理组织是如何开展工作的？

集体管理组织充当其用户和成员内著作权所有者的中间人。一般来说，每个国家都有针对不同类型作品的集体管理组织。但是，这些集体管理组织仅适用如电影、音乐、摄影、复制（各种印刷材料）、电视和录像、视觉艺术这些类型的作品。加入集体管理组织时，新成员将会声明他们创作或拥有的作品。集体管理组织的核心活动是：（1）为成员作品存档；（2）代表成员进行著作权许可、收取版税；（3）收集和通报作品使用情况；（4）监控和审计；（5）给成员分配版税。集体管理组织对其管理的所有作品可分别与想获得使用许可的个人或企业进行协商。为了使著作权及相关权权利人在国际上有所表现，集体管理组织与全球各地的其他集体管理组织签订互惠协议。集体管理组织代表他们的成员授予许可权，收取费用，并根据商定的规则，与著作权所有者进行收益分配。

集体管理的实践优势如下。

1. 集体许可对用户和著作权所有者均有许多好处。一站式服务大大减少了用户和著作权所有者的行政事务负担；集体管理不仅为著作权所有者提供在管理成本方面的规模经济优势，而且在为有效打击盗版而创建数字系统的研发领域发挥重要作用。此外，集体许可是一个很好的平衡器。如果没有集体制度参与到所有市场竞争中，那么中小类型的权利人和中小用户将被市场拒之门外。

2. 通过集体管理，著作权所有者可以借助集体谈判的力量，在使用作品方面争取更好的条款和条件。因为集体管理组织能够在平等的基础上与数量更多、实力更强、经常分散且远距离的用户群进行协商。

3. 企业想使用他人的著作权或者相关权只需要与一个组织进行谈判，而且可能获得一揽子许可。一揽子许可包括允许被许可人在指定期限内使用集体管理组织目录或项目内的任何一个，无需和每件作品的权利人单独协商许可条款和条件。

4. 集体管理为企业提供了以数字形式获取许可内容的实用工具，从而使企业更容易获得权利。

5. 许多集体管理组织除了办理许可业务外，在其他方面也扮演着重要角色。例如，他们参与执法（反盗版）、提供教育和信息传播服务、对接立法者、通过多元文化倡议激励和促进新作品的增长。近年来，许多集体管理组织正在积极开发 DRM 组件的管理权限。同时，为了推动建立通用的、可互操作的、可靠的标准，以满足自身管理、执行所代表权利的需求，许多集体管理组织还积极参与国际论坛。

6. 了解一个国家或地区有关集体管理组织的详细信息可以从该国家或地区的国际集体管理组织联盟（见附录 1）或版权局 / 知识产权局（见附录 2）获得，也可从其他相关行业协会或者附录 1 列示的国际非政府组织机构网站获取。

管理著作权及相关权

对著作权及相关权的授权可以通过如下人员或组织进行管理：(1) 权利所有者；(2) 中间人，如出版商、生产商、分销商；(3) 集体管理组织，在有些情况下，由集体管理组织进行管理可能是法律规定。

音乐产业的集体管理

音乐产业链中有不同的权利类型，集体管理在其中发挥着核心作用，这些权利包括代表作者、作曲家和发行商管理录制权；代表作者、作曲家和发行商管理表演权；代表表演者、录音制作者管理表演权。因此，成千上万的各个国家中小型唱片公司、音乐发行商和艺术家依赖本地或其他地方集体许可组织代表自己的利益，与实力强大的音乐用户（大型通信集团、广播公司、电视节目公司、电信集团、有线电视运营商）谈判，确保能够获得足够的回报。同时，所有被许可人，无论规模大小，无需单独与每个权利人谈判，即可获得所有曲目的授权。

（音乐和视听节目）表演者的集体管理组织从最开始就一直在管理互联网上的权利，主要涉及联播和网络直播。并且从现在开始，该组织还宣称将"提供可获得的权利"。

在大多数国家，广播公司必须为音乐播放权付费，且通常通过间接方式付给作曲家。实践中，作曲家将他的权利委托给集体管理组织，由集体管理组织与所有对他公开发行的音乐感兴趣的人谈判。作为作曲家群体的代表，集体管理组织会根据特定作品在公众场合表演的次数，向作曲家支付版税。广播公司商定支付给集体管理组织整个年度的费用，并提供单个站点样本数据，以此为依据，集体管理组织根据录音播放次数向作曲家支付版税。集体管理组织可以是任何一家表演权协会。例如，对于英联邦广播公司，最相关的集体管理组织是澳大利亚表演权协会（APRA），或总部设在英国的表演权协会。这两个协会都有能力向广播公司授予世界上任何地方任何音乐的许可证。澳大利亚表演权协会不仅控制自己成员的音乐在澳大利亚、新西兰和南太平洋的音乐许可，还对表演权协会成员中英国作曲家和发行商的音乐有许可权。类似的协议赋予APRA控制美国表演权协会成员音乐作品的权利，同样还能控制法国、德国、意大利、西班牙、荷兰、希腊等其他国家的协会成员作品。

公开表演许可证对任何有音乐节目的电视节目公司或广播公司而言都是必需的。表演权必须被著作权所有者或乐曲、声音录制的发行者许可。通常，从表演权协会获得一揽子许可证是安全可靠的。

影印复制行业的集体管理

企业大量使用各种受著作权保护作品的复印资料。例如，复印来自报纸、期刊等其他刊物上的文章，将其传播给他们用于信息搜集和研究目的的员工。如果直接征求世界各地作者和出版商的使用许可，对企业来说是不切实际的。

为了应对大规模影印的许可，作者和出版商在许多国家建立了复制权组织（PROs）——集体管理组织的一种类型——充当中介并且促进著作权授权。无论何时，权利人单独行动都是不切实际的。

该组织代表其成员，为已发表作品（包括书籍、期刊、其他刊物等）的部分内容复制或扫描授予许可证，且限制复制数量，仅供机构和组织（包括图书馆、公共行政机构、复印店、教育机构、各类工业和贸易企业）的员工使用。有些复制权组织也可对其他著作权的使用授予许可，如通过网络进行电子传输的相关领域。

使用他人的作品

使用他人作品时，需要在什么时候获得许可？

企业在业务活动中经常需要使用他人受著作权或相关权保护的作品。使用他人受保护作品之前，必须首先确定是否可以获得著作权许可。原则上，在以下情况中，需要获得著作权人的授权。

1. 作品受著作权及相关权保护。
2. 作品未进入公有领域。
3. 计划使用著作权及相关权所有者授权的所有或部分权利。
4. 预期用途不属于"公平使用""公平交易"范畴，或属于国家著作权及相关权法的限制范围或特别例外。

请记住，无论是在经营场所之外（投资者"路演"、公司网站、年度报告、公司内部通讯稿等），还是经营场所内（员工分配、产品研究、内部会议和培训等），使月他人受著作权保护的内容都需要获得特别许可。而且，即使只使用作品的一部分权利，通常也需要获得事先许可。

是否需要获得许可才能以电子或数字方式使用他人作品？

著作权保护适用于数字用途和其他存储方式的用途。因此，如下使用方式均可能需要从著作权所有者那里获得事先许可：扫描他们的作品；将其作品张贴在电子公告板或网站；将作品的数字内容保存在企业数据库；在网页上发表他们的作品。大多数网站上会列出著作权联系人的地址，让使用者相对容易请求获得复制图片或文字的许可。

当前技术使人们很容易使用他人创作的素材——网站上的电影和电视剪辑、音乐、图形、照片、软件、文本等。技术上易于使用和复制作品并不代表这样做是合法的。

购买了受著作权保护的作品，就可以随意使用吗？

如前所述，著作权与作品所有权是相互独立的。购买书籍、CD、视频或计算机程序本身并不一定赋予购买者更多复制、展示或在公共场合播放的权利。这些权利通常会保留在著作权人那里，必须要得到许可才可以行使。值得注意的是，无论是影印作品、扫描作品还是制作电子副本并下载电子形式的作品副本，所有涉及复制作品的行为，通常都要先获得事先许可。

软件许可

对于标准化的打包软件，用户通常在购买时就可获得授权。需要注意的是，购买软件的物理包时只能获得关于软件某些特定用途的许可。许可的条款和条件（称为"拆封许可"）通常包含在物理包上，如果用户不同意所述条款和条件，物理包可能会被退回。打开物理包，就视为用户已接受协议条款和条件。另外，许可协议也可能包含在打包的软件里。

通常，也可通过在线"点击生效许可证"获取软件许可。在此类许可中，用户通过点击网页上协议条款的相关图标接受协议的条款和条件。如果需要在公司内用于多个计算机的特定软件，可以获取批量许可，还可以在购买软件时享受大幅折扣。

近年来，关于软件许可合法性的争论越来越多，因为许多制造商试图通过额外合同条款扩大权利，以至于超出了著作权及相关权的法律界限。

无论如何，用户都应该仔细检查许可协议，了解对购买的软件可以做什么，不可以做什么。此外，用户所在国家的著作权法可能有例外情况，允许对计算机程序进行某些特定用途的使用而无需许可，如制作交互操作产品、纠正错误、测试安全、制作备份副本。

在未经许可的情况下，可使用哪些内容或材料？

以下行为无需著作权所有者的授权。

1. 使用的作品不在著作权保护范围内。例如，用自己的方式表达受保护作品中的事实或想法，而不抄袭作者的表述。

2. 作品属于公有领域。

3. 使用属于"合理使用"或"公平交易"，或者明确属于国家著作权法中特别规定的限制或例外情况。

作品什么时候进入公有领域？

如果作品没有著作权所有人，那么该作品进入公有领域，任何人都可以出于任何目的对其自由使用。以下类型的作品即视为进入公有领域。

1. 作品的著作权保护期限已过期。

2. 不受著作权保护的作品（例如书名）。

3. 著作权所有人明确放弃其作品权利。例如，在作品上刊登属于公有领域的声明。

虽然有些作品在互联网上可以获得，但应了解，无著作权声明并不意味着作品属于公有领域。

【示例1】弗里德里克·肖邦于1849年去世。他创作的音乐和歌词已进入公有领域。因此，任何人都可以演奏肖邦的音乐。然而，由于录音制品与音乐作品是分开保护的，肖邦的音乐录音制品可能仍受著作权保护。

如何确定作品是否仍受著作权或相关权的保护？

根据精神权利，作者的姓名通常会标识在作品上，而作者去世的年份可能会记录在传记作品或公开登记册中。如果未查询到明确结果，可咨询所在国家或地区的版权局（如有）的著作权登记处查找相关信息，或者也可以联系相关集体管理组织或作品的出版社。一件作品可能会有多个著作权，而这些著作权可能会对应多个著作权所有人，并且有不同的保护期限。例如，一本书可能会包含许多受到著作权保护的文字或图像，而其著作权保护期限却不尽相同。

何时可在著作权限制或例外以及"合理使用"或"公平交易"的情况下使用作品？

所有国家的著作权法都有一系列的限制和例外，以限制版权保护的范围，允许在某些情况下免费使用著作权作品，或无需经过许可付费使用作品。具体实施情况因国家或地区不同略有差异，但通常的例外和限制包括以下内容：引用已发表作品中的内容，即在独立创作的作品中使用简短的摘录；

用于私人和个人使用的复制，如以研究和学习目的的使用；图书馆和档案馆中的一些复制品，如孤品作品，其副本易破损无法向公众借出；在课堂教学中，教师对一些作品进行摘录以供学生使用；制作供视障人士使用的特殊副本。

许多国家还有其他利于不同群体的著作权的限制或例外。一般来说，国家法律中会对这些限制和例外进行详尽描述，具体指导可参考法律描述。除此之外，还可咨询专家以获得建议。

在普通法系国家，如澳大利亚、加拿大、印度、英国和美国，作品受到"合理使用"或"公平交易"的约束。普通法系国家对于著作权法的描述不太具体。"合理使用"是指对于他人受著作权保护的作品，在某些情况下使用时无需获得著作权所有人的授权。这样的情况通常是假定使用数量少，不会无故干扰著作权所有人复制和以其他方式来使用作品的专有权。因"合理使用"规则比较具体,很难对其进行一般规则性描述。但是，通常来说，复制作品以供个人使用的个人会比以商业使用为目的来复制作品的个人拥有更大的"合理使用"权利。通常以下行为被认定为"合理使用"：以教育为目的，在课堂上分发报纸图片的副本；以模仿或社评为目的使用作品；引用已出版的作品；以实现软件兼容性为目的进行软件逆向。"合理使用"的具体范围因国家不同而有所差异。

请注意，即使按照规定使用他人作品，在大多数国家或地区，仍需要引用作者姓名。

什么是私人复制的征税制度？

由于存在因个人使用以及非商业用途复制大量受著作权保护材料的情况，这就为录音设备和媒介制造商创造了有利可图的市场。然而，从本质上来说，对人们家中自发的私人复制并不能通过合同进行管理。因此，在一些国家或地区，只有在特殊情况下，人们无需事先获得许可便可进行私人复制。但作为交换条件，这些国家建立了一套征税系统，以补偿艺术家、作家和音乐家。征税制度由两个要素组成：

1. 设备和媒体税。各种刻录设备（如复印机、传真机、CD 和 DVD 刻录机、磁带、录像机和扫描仪）的价格中都增加了一小笔著作权费用。一些国家规定为未刻录的介质征税，如复印纸、空白磁带、CD-R 或者是闪存卡。

2. 运营商税。由学校、学院、政府和研究机构、大学、图书馆，以及需复印大量材料的企业支付。

通常由集体管理组织向制造商、进口商、经营者或用户征收，然后分配给相关权利人。

【示例2】比利时征税制度。在比利时，企业使用（拥有、租用或租赁）生产设备复制受保护的作品时，必须支付报酬，该报酬额度与受保护作品复制的数量相符。比利时复制权组织 REPROBEL 负责收取税款并对其进行合理分配。

可以使用技术保护措施（TPMs）保护作品吗？

如果企业想利用规避技术保护措施对作品进行商业使用，鉴于目前许多国家或地区的法律都禁止此类行为，企业应谨慎选择。在大多数国家或地区，这种侵权行为的责任与侵犯受保护作品著作权的责任是分开的。这意味着即使这种规避是获得授权的，著作权侵权的常规规则仍然会被适用。因此，对作品的任何利用都可能需要获得著作权所有人的许可。

例如，如果侵入他人的数字版权管理系统，在未经授权的情况下使用受保护的内容，或者如果未经授权解密版权作品，就会发生技术保护措施的规避情况。一些国家的法律不仅将规避行为视为非法行为，而且将该行为的准备行为或提供规避设备的行为也视为侵权。

如何获得授权使用他人受保护的作品？

获得受著作权或相关权保护作品的使用许可有两种主要方式：使用集体管理组织的服务，或者直接联系著作权或相关权所有者，如果有其联系方式的话。

最好的办法是先查看作品是否在集体管理组织经过登记，

这样可以简化获得许可的过程。集体管理组织通常提供各种类型的许可证书，一些还可提供数字许可证书。

如果作品的著作权或相关权不受任何集体管理组织的管理，则必须直接联系著作权或相关权所有者或其代理人。著作权声明中登记的人名可能是最初的著作权所有人，但经过一段时间后，著作权或相关权的财产权利可能已被转至他人。通过搜索国家著作权登记库，应该能够确定印度和美国等国家或地区的当前著作权或相关权所有者。如果是文字作品或音乐作品，可以联系作品的出版商或唱片制作人，他们通常拥有复制材料的权利。

由于可能存在多个权利"层级"，因此可能存在多个需获得其许可的权利人。例如，可能有一家音乐出版商负责创作，一家唱片公司负责录制音乐，并且通常表演者也是权利人。

对于重要的许可，即使根据标准条款和条件进行协商，通常也应先咨询专家意见，再协商许可协议的条款及其条件。称职的许可专家会帮助协商出最佳许可解决方案，以满足使用者的业务需求。

企业如何降低侵权风险？

著作权侵权诉讼可能是件代价昂贵的事情。因此，采取明智的措施可以有助于避免侵权，推荐以下做法：

1. 培训公司员工，使员工了解其工作内容和行为可能涉及的著作权问题。

2. 在需要时，获得书面许可或转让，确保员工熟悉此类许可或转让的权限范围。

3. 标记任何可能侵犯著作权的设备（如复印件、计算机、CD 和 DVD 刻录机），并明确声明该设备严禁用于侵犯著作权的行为。

4. 明确禁止员工在未授权的情况下，通过办公用计算机从互联网下载任何受著作权保护的资料。

5. 如果企业经常使用受技术保护措施保护的产品，请制定制度，确保员工不会在未经著作权所有人授权的情况下规避技术保护措施，或要求其行为不超出著作权授权范围。

企业应制定全面的著作权合规制度，其中包括专用于其业务和使用需求的著作权许可的详细流程。在企业营造著作权合规文化将有效降低著作权侵权风险。

总结清单

1. 最大程度上保护著作权。在自愿登记著作权的国家，可在国家版权局进行登记注册；在作品上标注版权声明；使用数字版权管理工具保护自己的数字作品。

2. 确认著作权归属。通过与所有员工、独立承包商及其他人签订书面协议，解决创作的任何作品的著作权所有权问题。

3.避免侵权。如果产品或者服务包含任何不属于本公司的原创内容,请查明公司是否需要获得此类内容的授权许可,并在需要时获得事先许可。

4.经验结果表明,应充分利用著作权。可以许可著作权,而非出售著作权。也可以授予特定和限定性许可,以便根据被许可人的特定需求来定制许可内容。

行使著作权

著作权在什么情况下会受到侵犯？

任何人未经著作权所有人事先许可而做出只有著作权所有人有权许可或禁止他人做出的行为，都被称为"侵犯"该所有人的著作权。

如果有人存在以下行为，那么就有可能侵犯了他人的财产权利。

1. 未经授权使用他人享有的专属权利。

2. 在有些国家或地区，未经授权买卖侵权作品（如销售盗版CD）或者提供制作侵权商品的便利。

3. 在有些国家，未经授权进口或拥有侵权作品，属于法律例外或以其他方式被免除的情况除外。

即使是部分使用，也有可能侵权。通常来说，侵权发生在作品的"实质性部分"——重要、不可缺少或独特的部分——被以著作权所有人专有权之一的形式使用。所以，侵权的数量和性质同等重要。但是在不侵犯著作权的情况下，可使用作品的数量并无一般规则。该情况视案件的实际情况而定。

如果有人存在以下行为，那么就有可能侵犯了他人的精神权利。

1. 作品作者的贡献没有被认可。

2. 著作权所有人的作品受到贬损，或者著作权所有人的作品被以有损其荣誉或声誉的方式进行了修改。

如果有人在制造、进口或者买卖设备时，规避为防止未经授权使用以及保护著作权内容而采取的技术保护措施，这种行为也可能构成（著作权或独立）侵权。此外，如果有人删除或者更改著作权作品的附加内容，也有可能会构成侵权。

一项行为可能会侵犯诸多权利人的权利。例如，销售广播节目磁带的行为属于侵犯广播权。当然，这一行为同时也会侵犯音乐编曲和制作原创唱片公司的著作权。对此，每个权利人都可以采取不同的法律行为。

如果权利可能或者已经受到侵犯，应该如何应对？

行使著作权及相关权的主要责任在权利人。确认自己是否被侵权，并决定采取何种措施来保护自己的权利都是权利人的责任。

著作权律师或律师事务所将提供有关信息，帮助权利人决策是否、何时、对侵权人采取何种法律行为以及如何通过诉讼或其他方式解决此类争议。著作权律师或律师事务所将确保做出的每项决定符合权利人的整体商业战略和目标。

如果著作权受到侵犯，那么权利人首先可向涉嫌侵权人发送信函（称为"停止和终止侵权信函"），通知其可能存在著作权侵权行为。建议最好请律师协助完成这封信函。在有些国家或地区，如果有人在互联网上侵犯了权利人的著作权，可选择以下解决途径。

1. 向互联网服务提供商（ISP）发送特别停止和终止侵权信函，要求其网站删除侵权内容或停止组织访问（"通知—删除"）。

2. 通知互联网服务提供商（ISP），告知其用户涉嫌侵权，从而解决问题。（"通知—告知"）。

有时，突袭是最好的解决策略。鉴于向侵权人发出索赔通知之后，对方可能隐藏或者销毁证据。并且如果认为对方属于故意侵权，已知悉对方侵权行为的地点，那么建议在不通知侵权人的情况下，向法院起诉并请求法院发出单方命令，允许对侵权人进行突击检查，扣押侵权证据。

法律诉讼程序需要花费的时间可能较长。在此期间，为了防止造成进一步损失，可立即采取措施，制止涉嫌侵权行为，防止侵权商品流入商业渠道。大多数国家或地区的法律允许发布临时禁令，法院可依据此禁令，在案件有最终审判结果之前，停止被指控侵权人的侵权行为并保存证据。

建议仅在以下情况下对侵权人提起法律诉讼：（1）能够证明己方拥有作品的著作权；（2）可证明对方侵犯了自己的权利；（3）诉讼成功带来的价值高于诉讼成本。法院可采取的补偿侵权的救济措施包括赔偿损失、禁令、利润核算令以及将侵权商品交付著作权人。侵权人还可能交代参与侵权产品生产和分销的第三方的身份，以及商品分销渠道。此外，基于申请，法院还可命令无偿销毁货物。

根据著作权法，可对制作或买卖侵权作品复制品的行为追究行为人的刑事责任。对侵权行为人可以处以罚款甚至监禁等惩罚。

为防止进口盗版作品，应联系国家海关部门。许多国家已采取边境执法措施，允许著作权所有人和被许可人请求扣留涉嫌盗版和假冒商品。

在不诉诸法庭的情况下，还有哪些解决著作权侵权问题的途径可供选择？

在许多情况下，仲裁或调解是处理侵权的有效方式。与法院诉讼流程相比，仲裁通常具有流程方便、时间简短和价格便宜的优点，而且仲裁裁决在国际上更容易执行。仲裁和调解的共同优点是当事方保留对争议解决过程的控制权。因此，这有助于双方在未来可能继续合作、达成新的许可或者交叉许可，以保持企业良好的业务关系。通常建议在许可协议中包含调解或仲裁条款。更多相关信息，请参见世界知识产权组织仲裁和调解中心网站 arbiter.wipo.int/center/index.html。

附 录

附录1 常用网站和国际非政府组织机构网站

分类	序号	名称	链接	备注
常用网站	1	世界知识产权组织	www.wipo.int	
	2	世界知识产权组织中小企业司	www.wipo.int/sme/en/	
	3	世界知识产权组织著作权及相关权	www.wipo.int/copyright/en/index.html	
	4	世界知识产权组织执法网站	www.wipo.int/enforcement/en/index.html	
	5	世界知识产权组织电子书店	www.wipo.int/ebookshop	售卖图书包括:《著作权及相关权许可指南》,第897号出版物;《著作权及相关权集体管理指南》,第855号出版物

续表

分类	序号	名称	链接	备注
常用网站	6	世界知识产权组织免费出版物	www.wipo.int/publications	可下载图书有:《著作权和相关权概论》,第909号出版物;《从艺术家到观众:创作者和消费者如何从著作权和相关权以及著作权集体管理中获益》,第922号出版物;《摄影制图集体管理》,第924号出版物
	7	国家版权局目录	www.wipo.int/news/en/links/addresses/cr/index.htm	
国际非政府组织机构网站	8	国际影画乐曲复制权协理联会	www.biem.org	BIEM,简称源自该组织法语名称的首字母缩写
	9	商业软件联盟	www.bsa.org	BSA
	10	国际作者作曲者协会联合会	www.cisac.org	CISAC,简称源自该组织法语名称的首字母缩写

续表

分类	序号	名称	链接	备注
国际非政府组织机构网站	11	国际电影制片人协会联合会	www.fiapf.org	FIAPF，简称源自该组织法语名称的首字母缩写
	12	国际复制权联合会	www.ifrro.org	IFRRO
	13	国际唱片业联合会	www.ifpi.org	IFPI
	14	独立音乐公司协会	www.impalasite.org	IMPALA
	15	国际出版商协会	www.ipa-uie.org	IPA
	16	软件与信息产业协会	www.siia.net	SIIA

附录2 部分国家或地区版权局/知识产权局网址

序号	国家或地区	网址
1	阿尔及利亚	www.onda@wissal.dz
2	安道尔	www.ompa.ad
3	阿根廷	www2.jus.gov.ar/minjus/ssjyal/autor
4	澳大利亚	www.ag.gov.au
5	巴巴多斯	www.caipo.gov.bb
6	白俄罗斯	vkudashov@belpatent.gin.by ncip@belpatent.gin.by
7	伯利兹	www.belipo/bz
8	波黑	www.bih.nat.ba/zsmp
9	巴西	www.minc.gov.br
10	加拿大	cipo.gc.ca
11	中国	www.ncac.gov.cn
12	中国香港	www.info.gov.hk/ipd
13	哥伦比亚	www.derautor.gov.co
14	克罗地亚	www.dziv.hr

续表

序号	国家或地区	网址
15	捷克	www.mkcr.cz
16	丹麦	www.kum.dk
17	萨尔瓦多	www.cnr.gob.sv
18	芬兰	www.minedu.fi
19	格鲁吉亚	www.global-erty.net/saqpa tenti
20	德国	www.bmj.bund.de
21	匈牙利	www.hpo.hu
22	冰岛	www.ministryofeducation.is
23	印度	copyright.gov.in
24	印度尼西亚	www.dgip.go.id
25	爱尔兰	www.entemp.ie
26	吉尔吉斯斯坦	www.kyrgyzpatent.kg
27	拉脱维亚	www.km.gov.lv
28	黎巴嫩	www.economy.gov.lb
29	立陶宛	www.muza.lt
30	卢森堡	www.etat.lu/EC
31	马来西亚	mipc.gov.my
32	墨西哥	www.sep.gob.mx/wb2/sep/sep_459_indautor
33	摩纳哥	www.european-patent-office.org/patlib/country/monaco/

续表

序号	国家或地区	网址
34	蒙古国	www.ipom.mn
35	新西兰	www.med.govt.nz
36	尼日尔	www.bnda.ne.wipo.net
37	挪威	www.dep.no/kd/
38	秘鲁	www.indecopi.gob.pe
39	菲律宾	ipophil.gov.ph
40	韩国	www.mct.go.kr/english
41	俄罗斯	www.rupto.ru
42	新加坡	www.gov.sg/minlaw/iposwww.ipos.gov.sg/
43	斯洛伐克	www.culture.gov.sk
44	斯洛文尼亚	www.sipo.mzt.si/
45	西班牙	www.mcu.es/Propiedad_Intelectual/indice.htm
46	瑞士	www.ige.ch
47	泰国	www.ipthailand.org
48	土耳其	www.kultur.gov.tr
49	乌克兰	www.sdip.gov.uawww.uacrr.kiev.ua
50	英国	www.patent.gov.uk
51	美国	www.loc.gov/copyright

注：最新信息请访问 www.wipo.int/directory。

附录3　与著作权及相关权相关的国际条约摘要

1.《保护文学和艺术作品伯尔尼公约》（简称《伯尔尼公约》，1886年）

《伯尔尼公约》是主要的国际著作权条约。该条约规定的"国民待遇"原则，意味着在每个国家，外国作者均享有与本国作者同等的权利。目前，该条约已在162个国家生效。缔约方名单和公约全文可浏览 www.wipo.int/treaties/en/ip/berne/index.html。

2.《保护表演者、录音制品制作者和广播组织罗马公约》（简称《罗马公约》，1961年）

《罗马公约》的保护范围扩大至邻接权：表演艺术家对其表演享有权利，录音制品制作者对其录音享有权利，广播电视组织对其广播节目享有权利。目前有83个国家签署该公约。缔约方名单和公约全文可浏览 www.wipo.int/treaties/en/ip/rome/index.html。

3.《保护录音制品制作者禁止未经许可复制其录音制品日内瓦公约》（简称《录音制品公约》，1971年）

《录音制品公约》规定，缔约方有义务保护另一缔约方的录音制品制作者，防止未经制作者同意制作复制品，并且防止以向公众发放为目的进口此类复制品。"录音制品"是指专门的听觉固定形式（即不包括电影或录像带音轨），无论其是什么形式（光盘、磁带或其他）。目前，该公约已在 75 个国家生效，缔约方名单和公约全文可浏览 www.wipo.int/treaties/en/ip/phonograms/index.html。

4.《与贸易有关的知识产权协定》（简称 TRIPS 协定，1994 年）

TRIPS 协定旨在实现国际贸易与有效和充分保护知识产权和谐发展，确保形成知识产权领域可用性、范围和使用的标准和原则。同时，该协定规定了使用此类权利的方式。TRIPS 协定对世界贸易组织的 149 个成员国均有约束力。协定全文可浏览世界知识产权组织网站 http：//www.wto.org/english/docs_e/legal_e/27-trips.doc。

5.《世界知识产权组织版权条约》（简称 WCT，1996 年）和《世界知识产权组织表演和录音制品条约》（简称 WPPT，1996 年）

《世界知识产权组织版权公约》和《世界知识产权组织表演和录音制品条约》于 1996 年缔结，条约的缔结使得作者、表演者和录音制品制作者的权利可以适应进入数字化时代所面临的突出挑战。《世界知识产权组织版权条约》的条款适应了信息社会的新要求，是《伯尔尼公约》的补充条约。这同时表明，《世界知识产权组织版权条约》的缔约方无论是否已经加入《伯尔尼公约》，都必须满足《伯尔尼公约》的实质性条款。《世界知识产权组织版权条约》通过授予作者三项专有权来延伸其作品权利。

（1）作者有权授权或禁止他人通过销售或其他方式向公众发行原始作品或其复制品（发行权）。

（2）作者有权授权或禁止他人商业出租计算机程序、电影作品（若此类商业出租导致作品广泛传播，则属于严重损害专有复制权）或包含在录音制品中的作品（出租权）。

（3）作者有权授权或禁止他人通过有线或无线方式向公众传播原始作品或其复制品，包括向公众提供他们的作品，让公众可以随时访问该作品（与公众交流权）。

《世界知识产权组织版权条约》于 2020 年 3 月 6 日生效，目前共有 59 个缔约方，详情请参见 www.wipo.int/treaties/en/ip/wct/index.html。

与《世界知识产权组织版权条约》不同，《世界知识产权组织表演和录音制品条约》涉及相关权持有人，其目的是在信息社会中对表演者和录音制品制作品进行国际范围的和谐保护。但此类保护并不适用于视听表演。无论表演是否录制成录音制品，《世界知识产权组织表演和录音制品条约》主要保护表演者（演员、歌手、音乐家等）在其表演方面的经济利益和人格权利。它有助于个人或法人实体主动承担起固定声音的责任。《世界知识产权组织表演和录音制品条约》授予权利人如下权利。

（1）权利人可授权或禁止他人直接或间接复制录音制品（复制权）。

（2）权利人可授权或禁止他人通过出售或以其他方式转让（发行权）的形式向公众提供录音制品的原件或者副本。

（3）权利人可授权或禁止他人以商业使用为目的向公众出租录音制品的原件或复制品（出租权）。

（4）权利人可授权或禁止他人以有线或无线方式向公众提供在录音制品上的任何表演，让公众可以在任何地点和时间访问相关表演，如按需服务（提供权）。

对于现场表演，即未刻录在录音制品上的表演，《世界知识产权组织表演和录音制品条约》还授予表演者以下专有授权:（1）公众广播权;（2）公众沟通权;（3）刻录权（仅限声音）。

《世界知识产权组织表演和录音制品条约》于2002年5月20日生效，目前有58个缔约方，详情请参见www.wipo.int/treaties/en/ip/wppt/index.html。

6.《网络犯罪公约》（2001年）

《网络犯罪公约》由欧洲委员会起草，是一项为保护社会免受网络犯罪的侵害而制定的公共政策。它是第一个关于互联网和其他计算机网络犯罪的国际公约，特别是在处理侵犯著作权、与计算机相关的欺诈、儿童色情和侵犯网络安全行为等领域。该公约还包含计算机网络搜索和拦截等一系列权利和程序。全文可浏览 conventions.coe.int/Treaty/en/Treaties/Html/185.html。

7.《著作权指令》(2001年)

为应对互联网、电子商务和一般性数字技术带来的挑战,欧洲委员会对某些领域的著作权和相关权进行了有效协调。该指令还涉及对权利例外情况和权利管理系统技术方面的法律保护。

附录4 《伯尔尼公约》缔约方名单

序号	缔约方	序号	缔约方
1	阿尔巴尼亚	18	不丹
2	阿尔及利亚	19	玻利维亚
3	安道尔	20	波黑
4	安提瓜和巴布达	21	博茨瓦纳
5	阿根廷	22	巴西
6	亚美尼亚	23	文莱
7	澳大利亚	24	保加利亚
8	奥地利	25	布基纳法索
9	阿塞拜疆	26	喀麦隆
10	巴哈马	27	加拿大
11	巴林	28	佛得角
12	孟加拉国	29	中非
13	巴巴多斯	30	乍得
14	白俄罗斯	31	智利
15	比利时	32	中国
16	伯利兹	33	哥伦比亚
17	贝宁	34	科摩罗

续表

序号	缔约方	序号	缔约方
35	刚果（布）	55	法国
36	哥斯达黎加	56	加蓬
37	科特迪瓦	57	冈比亚
38	克罗地亚	58	格鲁吉亚
39	古巴	59	德国
40	塞浦路斯	60	加纳
41	捷克	61	希腊
42	朝鲜	62	格林纳达
43	刚果（金）	63	危地马拉
44	丹麦	64	几内亚
45	吉布提	65	几内亚比绍
46	多米尼克	66	圭亚那
47	多米尼加	67	海地
48	厄瓜多尔	68	梵蒂冈
49	埃及	69	洪都拉斯
50	萨尔瓦多	70	匈牙利
51	赤道几内亚	71	冰岛
52	爱沙尼亚	72	印度
53	斐济	73	印度尼西亚
54	芬兰	74	爱尔兰

续表

序号	缔约方	序号	缔约方
75	以色列	95	马耳他
76	意大利	96	毛里塔尼亚
77	牙买加	97	毛里求斯
78	日本	98	墨西哥
79	约旦	99	密克罗尼西亚联邦
80	哈萨克斯坦	100	摩纳哥
81	肯尼亚	101	蒙古国
82	吉尔吉斯斯坦	102	摩洛哥
83	拉脱维亚	103	纳米比亚
84	黎巴嫩	104	尼泊尔
85	莱索托	105	荷兰
86	利比里亚	106	新西兰
87	利比亚	107	尼加拉瓜
88	列支敦士登	108	尼日尔
89	立陶宛	109	尼日利亚
90	卢森堡	110	挪威
91	马达加斯加	111	阿曼
92	马拉维	112	巴基斯坦
93	马来西亚	113	巴拿马
94	马里	114	巴拉圭

续表

序号	缔约方	序号	缔约方
115	秘鲁	134	斯洛文尼亚
116	菲律宾	135	南非
117	波兰	136	西班牙
118	葡萄牙	137	斯里兰卡
119	卡塔尔	138	苏丹
120	韩国	139	苏里南
121	摩尔多瓦	140	斯威士兰
122	罗马尼亚	141	瑞典
123	俄罗斯	142	瑞士
124	卢旺达	143	叙利亚
125	圣基茨和尼维斯	144	塔吉克斯坦
126	圣卢西亚	145	泰国
127	圣文森特和格林纳丁斯	146	前南斯拉夫的马其顿共和国[②]
128	沙特阿拉伯	147	多哥
129	萨摩亚	148	汤加
130	塞内加尔	149	特立尼达和多巴哥
131	塞尔维亚和黑山[①]	150	突尼斯
132	新加坡	151	土耳其
133	斯洛伐克	152	乌克兰

续表

序号	缔约方	序号	缔约方
153	阿联酋	158	乌兹别克斯坦
154	英国	159	委内瑞拉
155	坦桑尼亚	160	越南
156	美国	161	赞比亚
157	乌拉圭	162	津巴布韦

注：1. 截至 2006 年 6 月 16 日。

2. 最新信息请浏览 www.wipo.int/treaties/en/ip/berne。

①现为塞尔维亚共和国与黑山两个主权国家。

②现在的北马其顿。